Sabine Braun

Ausbildungsmarketing zur erfolgreichen Nachwuchsbeschaffung

Neue Ansätze für mittelständische Unternehmen unter Berücksichtigung der Employability

Diplomica Verlag GmbH

Braun, Sabine: Ausbildungsmarketing zur erfolgreichen Nachwuchsbeschaffung: Neue Ansätze für mittelständische Unternehmen unter Berücksichtigung der Employability, Hamburg, Diplomica Verlag GmbH 2014

Buch-ISBN: 978-3-8428-9293-4
PDF-eBook-ISBN: 978-3-8428-4293-9
Druck/Herstellung: Diplomica® Verlag GmbH, Hamburg, 2014

Bibliografische Information der Deutschen Nationalbibliothek:
Die Deutsche Nationalbibliothek verzeichnet diese Publikation in der Deutschen Nationalbibliografie; detaillierte bibliografische Daten sind im Internet über http://dnb.d-nb.de abrufbar.

Das Werk einschließlich aller seiner Teile ist urheberrechtlich geschützt. Jede Verwertung außerhalb der Grenzen des Urheberrechtsgesetzes ist ohne Zustimmung des Verlages unzulässig und strafbar. Dies gilt insbesondere für Vervielfältigungen, Übersetzungen, Mikroverfilmungen und die Einspeicherung und Bearbeitung in elektronischen Systemen.

Die Wiedergabe von Gebrauchsnamen, Handelsnamen, Warenbezeichnungen usw. in diesem Werk berechtigt auch ohne besondere Kennzeichnung nicht zu der Annahme, dass solche Namen im Sinne der Warenzeichen- und Markenschutz-Gesetzgebung als frei zu betrachten wären und daher von jedermann benutzt werden dürften.

Die Informationen in diesem Werk wurden mit Sorgfalt erarbeitet. Dennoch können Fehler nicht vollständig ausgeschlossen werden und die Diplomica Verlag GmbH, die Autoren oder Übersetzer übernehmen keine juristische Verantwortung oder irgendeine Haftung für evtl. verbliebene fehlerhafte Angaben und deren Folgen.

Alle Rechte vorbehalten

© Diplomica Verlag GmbH
Hermannstal 119k, 22119 Hamburg
http://www.diplomica-verlag.de, Hamburg 2014
Printed in Germany

Inhaltsverzeichnis

Abbildungsverzeichnis .... **III**
Anhangverzeichnis .... **IV**

1. Ausbildungsmarketing im 21. Jahrhundert – Einführung und Vorgehensweise 1

2. Personalmarketing 3
   2.1 Begriffsdefinition 4
   2.2 Ansätze des Personalmarketing 6
   2.3 Produktmarketing und Personalmarketing 7
   2.4 Abgrenzung des Personalmarketing 8
      2.4.1 Zielgruppen 8
         2.4.1.1 Externes Personalmarketing 8
         2.4.1.2 Internes Personalmarketing 9
      2.4.2 Ziele und Aufgaben des Personalmarketing 10

3. Ausbildungsmarketing 11
   3.1 Begriffsdefinition 13
   3.2 Identifikation und Definition der relevanten Zielgruppe 14
   3.3 Bewerbermarkt – Angebot und Nachfrage 15
   3.4 Employer Branding als Bestandteil erfolgreicher Nachwuchsbeschaffung 18
      3.4.1 Arbeitgebermarke 18
         3.4.1.1 Eigenschaften der Arbeitgebermarke 19
         3.4.1.2 Entstehung der Arbeitgebermarke 20
         3.4.1.3 Kommunikation der Arbeitgebermarke 20
         3.4.1.4 Fazit 22
      3.4.2 Arbeitgeberimage 22
         3.4.2.1 Funktionen des Arbeitgeberimage 23
         3.4.2.2 Entstehung der Einstellung zum potentiellen Arbeitgeber 25
         3.4.2.3 Arbeitgeberimage als Wettbewerbsfaktor 25
         3.4.2.4 Fazit 26
   3.5 Klassische Instrumente des Ausbildungsmarketing 28
      3.5.1 Indirekte Kommunikation 29
      3.5.2 Direkte Kommunikation 32
      3.5.3 Bevorzugte Aktivitäten des Ausbildungsmarketing 35

4. Employability 36
   4.1 Ausgangslage 37
   4.2 Begriffsdefinition 39
   4.3 Bedeutung der Employability im Zeitalter von PISA 40
      4.3.1 Anforderungen an Kompetenzen 43
      4.3.2 Aspekte der Beschäftigungsfähigkeit bei Ausbildungsplatzbewerbern 44
      4.3.3 Nutzen und Befürchtungen in Zusammenhang mit Employability 46

5. Neuere Ansätze des Ausbildungsmarketing 48
   5.1 Web 2.0 – Was ist das? 49
   5.2 Social Software 50
   5.3 Weblogs 51
      5.3.1 Funktionsweise 52

  5.3.2 Eignung als Instrument für Ausbildungsmarketing 53
 5.4 Podcasts 54
  5.4.1 Funktionsweise 54
  5.4.2 Kosten 55
  5.4.3 Eignung als Instrument für Ausbildungsmarketing 56
 5.5 Wikis 56
  5.5.1 Funktionsweise 57
  5.5.2 Eignung als Instrument für Ausbildungsmarketing 58
 5.6 Social Networking 58
  5.6.1 MySpace und SchülerVZ 59
  5.6.2 Foto- und Video-Communities 61
 5.7 Second Life 62
  5.7.1 Funktionsweise 62
  5.7.2 Kosten 63
  5.7.3 Eignung als Instrument für Ausbildungsmarketing 64

6. Kritische Bemerkung 64

7. Fazit und Ausblick 65

Anhang VI
Literaturverzeichnis X

Abbildungsverzeichnis

Abb. 1:	Notwendigkeit von Personalmarketing	4
Abb. 2:	Verständnis des Personalmarketingbegriffs	5
Abb. 3:	Zusammenhang Personalmarketing und Unternehmensgröße nach Anzahl der Mitarbeiter	6
Abb. 4:	Ansätze des Personalmarketing	6
Abb. 5:	Gegenüberstellung Produktmarketing und Personalmarketing	7
Abb. 6:	Ziele des Personalmarketing	10
Abb. 7:	Schulabgänger	12
Abb. 8:	Entwicklung der Bevölkerung in Deutschland	12
Abb. 9:	Die Säulen des Ausbildungsmarketing	13
Abb. 10:	Entwicklung der Zahl der Schulabgänger	16
Abb. 11:	Neu abgeschlossene Ausbildungsverträge, Angebot und Nachfrage	16
Abb. 12:	Abgeschlossene Ausbildungsverträge 2006	16
Abb. 13:	Bildungsabsichten der Schüler nach dem Schulabschluss in %	17
Abb. 14:	Entstehung eines Employer Brand	20
Abb. 15:	Mögliche Kommunikationsinstrumente beim Employer Brand	21
Abb. 16:	Determinanten des Arbeitgeberimage	23
Abb. 17:	Funktionen des Arbeitgeberimage aus Sicht des potentiellen Mitarbeiters	24
Abb. 18:	Funktionen des Arbeitgeberimage aus Sicht der Unternehmen	24
Abb. 19:	Image als Wettbewerbsfaktor	26
Abb. 20:	Attraktive Unternehmensgrößen	27
Abb. 21:	Top 20 der attraktivsten Arbeitgeber	27
Abb. 22:	Attraktivität eines Unternehmens	28
Abb. 23:	Instrumente des Ausbildungsmarketing	29
Abb. 24:	Bevorzugte Instrumente des Ausbildungsmarketing von Schülern	35
Abb. 25:	Bevorzugte Instrumente des Ausbildungsmarketing von Unternehmen	36
Abb. 26:	Das neue Haus des Lernens	43
Abb. 27:	Aspekte der Beschäftigungsfähigkeit	44

Anhangverzeichnis

Anhang 1:	Gegenüberstellung internes und externes Personal-marketing	VI
Anhang 2 :	Beispielhafte Web 2.0-Nutzenpotentiale	VI
Anhang 3:	Erklärung einiger Web 2.0-Begriffe	VII

1. Ausbildungsmarketing im 21. Jahrhundert – Einführung und Vorgehensweise

Die Rahmenbedingungen, denen sich Unternehmen in Deutschland heute gegenübersehen, sind durch eine permanente Veränderungsdynamik gekennzeichnet. Diese wird deutlich in der fortschreitenden Internationalisierung, der zunehmenden Größe und Komplexität der Märkte sowie der technologischen Entwicklung. Damit verbunden sind ein sinkender Produktlebenszyklus und eine ansteigende Produktvielfalt. Durch diese Faktoren gewinnt der Produktionsfaktor Arbeit mehr und mehr an Bedeutung. Denn nur das Humankapital kann auf diese Veränderungen reagieren bzw. diese aktiv mitgestalten.[1] Dies gilt nicht nur für Ingenieure und Wissenschaftler, sondern setzt auch gut qualifizierte Fachkräfte voraus. Für die Unternehmen und Betriebe ist es daher von Interesse, weiterhin in die berufliche Aus- und Weiterbildung des Fachkräftenachwuchses zu investieren.[2] Denn eine an den Unternehmens- und Personalmanagementzielen ausgerichtete Ausbildung geeigneter Nachwuchskräfte gewinnt eine immer größere Bedeutung für die Wettbewerbsfähigkeit und Zukunftssicherung eines Unternehmens.[3] Auch aus Gründen der demografischen Entwicklung ist die Sicherung eines modernen und vor allem betriebsnah ausgebildeten Fachkräftenachwuchses dringend notwendig. Diese Entwicklung sorgt für eine Verschiebung der Altersstruktur, hin zu einer immer älter werdenden Gesellschaft. Dies bedeutet, dass zum einen ein hoher Anteil älterer Arbeitnehmer aus dem Erwerbsleben ausscheiden wird und zum anderen immer weniger junge Menschen (besonders Schulabgänger) ihre Arbeitskraft auf dem Arbeitsmarkt anbieten. Für die neuen Bundesländer heißt das eine Verringerung der Schulabschlussjahrgänge allgemeinbildender Schulen bis zum Jahr 2011 von 234.938 im Jahr 2000 auf dann unter 111.000. In den alten Bundesländern wird die Verringerung allmählich ab dem Jahr 2015 eintreten. Vorher wird das Niveau von 708.000 Abgängern nicht unterschritten. In den Jahren 2011 und 2013 wird es auf Grund der doppelten Abiturentlassungsjahrgänge sogar noch einmal kurzfristig ansteigen. Dennoch können diese Entwicklungen zu einem Fachkräftemangel von bis zu 3,5 Millionen bis zum Jahr

---

[1] Vgl. Kayatz, E.: Externes Personalmarketing in mittelständischen Unternehmen. Optimierung der Akquise (hoch) qualifizierter Arbeitskräfte unter besonderer Berücksichtigung des Internetensatzes 2007, online, http://nbn-resolving.de/urn/resolver.pl?urn=urn%3Anbn%3Ade%3Ahbz%3A468-20070142 (27.08.07), S. 1.

[2] Vgl. Bundesministerium für Bildung und Forschung, Berufsbildungsbericht 2005, online, http://www.bmbf.de/pub/bbb_2005.pdf (27.08.07), S. 2.

[3] Vgl. Falk, R.: Nachwuchsgewinnung mit gezieltem Ausbildungsmarketing, in: Forschungsinstitut Betriebliche Bildung, (2007): Effizienz in der Ausbildung, Bielefeld, S. 19; **vgl. auch** Dietl, S./Speck, P., (2003): Strategisches Ausbildungsmanagement, Heidelberg, S. 5.

2015 führen.[4] Auch in den vergangenen Jahren zeigte sich schon eine Veränderung. So gerieten der Ausbildungsplatzmarkt und der Bewerbermarkt erheblich in Schieflage. Dies ist zum einen auf regionale Unausgewogenheiten und die unterschiedliche Entwicklung von Beschäftigung und Ausbildung im sekundären und tertiären Wirtschaftssektor zurückzuführen. Aber auch die Ungleichgewichte zwischen den Berufswünschen der Jugendlichen und dem tatsächlichen Angebot in den jeweiligen Ausbildungsberufen sind ausschlaggebend.[5] Der wichtigste Grund, warum viele Unternehmen ihre freien Lehrstellen nicht mehr besetzen können, lässt sich jedoch an der unzureichenden Ausbildungsreife festmachen. Eklatante Mängel in der Allgemeinbildung, bei den Kulturtechniken und wichtigen Schlüsselqualifikationen wirken sich auf die Berufsausbildung aus. In den letzten Jahren hat sich die schulpolitische Situation dramatisch verschärft. „Allgemeinbildende Schulen werden von fast jedem zehnten Jugendlichen ohne Schulabschluss verlassen. 13% eines Altersjahrganges in den alten und 19% in den neuen Bundesländern schaffen den Berufsausbildungsabschluss nicht. Und 15-20% der Jugendlichen gelten sogar als nicht ausbildungsfähig."[6] Die erwähnten Probleme treffen nicht nur auf die Großunternehmen, sondern auch auf mittelständische Unternehmen zu. Deshalb ist der Beschaffung und der Auswahl von Auszubildenden zukünftig eine erhebliche Bedeutung beizumessen. Da die mittelständischen Unternehmen im Wettbewerb um qualifizierte Nachwuchskräfte eine schlechtere Ausgangsbasis als Großunternehmen haben, müssen Strategien erarbeitet werden, um den Nachwuchs, der sich am besten eignet, zu rekrutieren. Immerhin bestehen 80% aller Ausbildungsplätze in mittelständischen Unternehmen. Dennoch haben diese meist einen geringen Bekanntheitsgrad und verfügen über ein weniger ausgeprägtes positives Arbeitgeberimage.[7] Das Unternehmen muss sich daher innerhalb des Arbeitsmarktes als attraktiver Arbeitgeber bzw. Ausbilder darstellen. Denn nur über ein positives Arbeitgeberimage kann man gegenüber anderen Unternehmen einen Wettbewerbsvorteil erzielen und den potentiellen Bewerber auf sich aufmerksam machen. All diese Faktoren machen es für die Unternehmen unerlässlich sich mit Ausbildungsmarketing auseinanderzusetzen.[8] Denn nur wer Ausbildungsmarketing in Verbindung mit Employer Branding und Employability-Management optimal nutzt, gewinnt die geeigneten Nachwuchs-

---

[4] Vgl. Bundesministerium für Bildung und Forschung. Berufsbildungsbericht 2005 und 2007, online, http://www.bmbf.de/pub/bbb_2005.pdf (27.08.07), S. 2 f., http://www.bmbf.de/pub/bbb_2007.pdf (27.08.07), S. 2.

[5] Vgl. Bundesministerium für Bildung und Forschung, (2005), a.a.O., S. 3; **vgl. auch** Buschfeld, J.: Wie wähle ich den „richtigen" Auszubildenden aus?, online, http://www.shm-netzwerk.de/shm_wahl_des_richtigen_auszubildenden.html (27.08.07), S. 1.

[6] Bundesvereinigung der Deutschen Arbeitgeberverbände: PISA-Folgen für die betriebliche Berufsausbildung, online, http://www.bda-online.de/www/bdaonline.nsf/id/PISA-Folgenfuerdiebetriebliche/$file/PISA-Auswertung.pdf (25.08.07), S. 1.

[7] Vgl. Kayatz, E., (2007), a.a.O., S. 2; **vgl. auch** Dietl, S./Speck, P., (2003), a.a.O., S. 18.

[8] Vgl. Mosters, M., (2007): Ausbildungsmarketing im Zeichen von PISA, Saarbrücken, S. 1.

kräfte für sein Unternehmen. Vor diesem Hintergrund profitieren alle Unternehmen, die sich rechtzeitig um diesen Personenkreis kümmern.

Das Ziel der vorliegenden Arbeit ist es, einen Einblick in die neueren Ansätze des Ausbildungsmarketing zu geben. Dabei wird in Kapitel 2 zuerst auf das Personalmarketing allgemein eingegangen. In Kapitel 3 wird dann speziell das Ausbildungsmarketing beschrieben. Es wird auf die klassischen Instrumente des Ausbildungsmarketing fokussiert und die Bedeutung von Employer Branding erklärt. Kapitel 4 widmet sich der Bedeutung der Employability und gibt Einblicke in die Entstehungsgeschichte. Des Weiteren werden auch die wichtigen Aspekte von Employability erläutert. Die neueren Ansätze des Ausbildungsmarketing werden in Kapitel 5 aufgezeigt. Zuerst wird ein allgemeiner Einblick in Web 2.0 gegeben. Danach folgt eine Aufzählung von einigen interessanten Instrumenten. Hier wird ein Einblick in die Funktionsweise und die Kosten dieser Instrumente gegeben. Auch die Eignung für das Ausbildungsmarketing wird erläutert. In Kapitel 6 folgt schließlich noch eine kritische Bemerkung. Dort wird anhand der SWOT-Analyse noch einmal auf Stärken und Schwächen sowie Chancen und Risiken der einzelnen Begriffe eingegangen. Abschließend folgen in Kapitel 7 ein Fazit und ein Ausblick.

2. Personalmarketing

Die Thematik des Personalmarketing ist nicht neu. Dennoch lässt sich eine Renaissance des Personalmarketing erkennen. Zurückzuführen ist dies auf die Bedeutsamkeit des Personals und die Schwierigkeiten bei der Personalakquisition und -auswahl sowie bei der Personalbindung durch die Unternehmen heutzutage.[9] Personalmarketing prägte in den letzten Jahren verstärkt die personalwirtschaftliche Diskussion, etablierte sich jedoch schon in den 60er Jahren im deutschsprachigen Raum. Die Konzepte des Personalmarketing veränderten sich allerdings seit den Anfängen. Konzentrierte sich die Fragestellung damals noch auf formale Überlegungen zur Übertragbarkeit von Instrumenten aus anderen Fachgebieten, steht seit Anfang der 90er Jahre der ganzheitliche strategische und in die Unternehmensentwicklung integrierte Ansatz im Mittelpunkt.[10] Mittlerweile ist Personalmarketing in vielen Unternehmen ein wichtiger Bestandteil des zukunftsorientierten unternehmerischen Personalmanagements. Zudem wird es zur Schlüsselfunktion in Zeiten unsicherer Planungen, veränderlicher Rahmenbedingungen und hohem Anpas-

---

[9] Vgl. Bröckermann, R., (2001): Personalwirtschaft, 2. Auflage, Stuttgart, S. 28, zit. bei: Bröckermann, R./Pepels, W.: Personalmarketing an der Schnittstelle zwischen Absatz- und Personalwirtschaft, in: Bröckermann, R./Pepels, W., (Hrsg.), (2002): Personalmarketing, Stuttgart, S. 3.

[10] Vgl. Fröhlich, W.: Nachhaltiges Personalmarketing: Entwicklung einer Rahmenkonzeption mit praxistauglichem Benchmarking-Modell, in: Fröhlich, W. (Hrsg.), (2004): Nachhaltiges Personalmarketing, Frechen, S. 20.

sungsdruck.[11] Abbildung 1 zeigt die Notwendigkeit des Personalmarketing in der heutigen Zeit auf.

Abbildung 1: Notwendigkeit von Personalmarketing

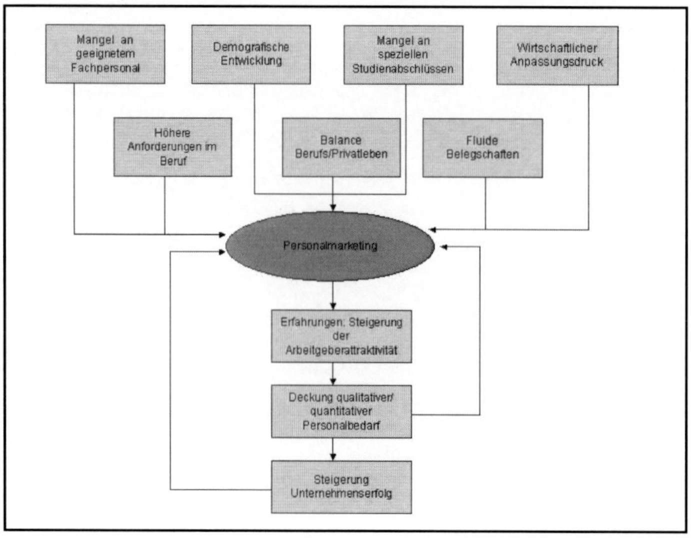

Quelle: DGFP e.V. (Hrsg.), (2006): Erfolgsorientiertes Personalmarketing in der Praxis, Düsseldorf, S. 15.

In all den Jahren wurde jedoch keine Einheitlichkeit über den Begriff Personalmarketing erreicht. Daher ist in den folgenden Punkten eine Abgrenzung und Definition vorgesehen.

2.1 Begriffsdefinition

Personalmarketing ist ein vielschichtiger und zudem unpräziser Begriff. Zum Begriff Personalmarketing gibt es in der Literatur zahlreiche Definitionen zu finden. Engere Definitionen beschränken diesen auf Teilbereiche des Personalmanagements, insbesondere auf die Personalbeschaffung und die Personalwerbung. Dadurch erfolgt eine Eingrenzung des Personalmarketing auf diejenigen Aktivitäten, die der Einstellung von Mitarbeitern aus dem externen Arbeitsmarkt dienen. Weiter gefasste Definitionen schließen dagegen die gesamte Personalpolitik mit ein. Sie verstehen unter Personalmarketing ein umfassendes Denk- und Handlungskonzept. Dieses richtet sich sowohl an gegenwärtige wie auch an zukünftige Mitarbeiter.[12] Der Begriff Personalmarketing setzt sich aus den Wörtern Personal und Marketing zusammen. Marketing stammt ursprünglich aus dem Absatz- und Vertriebsbereich und orientiert sich an den Bedürfnissen aktueller und potentieller Nachfrager. Die unternehmenspolitischen Maßnahmen werden dabei an die Bedürfnisse angepasst. Der Begriff Personalmarketing überträgt diese Überlegungen auf den Personal-

---

[11] Vgl. DGFP e.V. (Hrsg.), (2006): Erfolgsorientiertes Personalmarketing in der Praxis, Düsseldorf, S. 15 f.
[12] Vgl. Kolter, Ester Rahel, (1991): Strategisches Personalmarketing an Hochschulen, München, S. 15.

markt.[13] Durch Personalmarketing soll der Arbeitsplatz so gestaltet werden, dass er den Interessen und Erwartungen der Mitarbeiter entspricht. Darüber hinaus muss er für die Erfüllung von Bedürfnissen wichtig und attraktiv erscheinen, so dass die Mitarbeiter auf den Wechsel zu anderen Unternehmen verzichten und ihre Arbeitsleistung bereitwillig in das Unternehmen einbringen.[14] Um Klarheit in die Begriffsverwirrung des Personalmarketing zu bringen, folgen nun zwei Definitionsversuche. Dietmanns Definition lautet: „Personalmarketing, d.h. die Planung, Entwicklung, Umsetzung und Kontrolle von Personalmarketing-Strategien, die die personelle Handlungsfähigkeit eines Unternehmens wahren sollen, ist somit als Ausdruck der innerorganisationellen Absicherung gesamtunternehmerischer Strategien durch Einflussfaktoren auf das arbeitsplatzbezogene Entscheidungsverhalten zu bewerten."[15] Für Schuler und Höft bedeutet Personalmarketing hingegen: „Die Orientierung der gesamten Personalpolitik eines Unternehmens an den Bedürfnissen gegenwärtiger (interner) und künftiger (externer) Mitarbeiter mit dem Ziel, gegenwärtige Mitarbeiter zu halten, zu motivieren und neue Mitarbeiter zu gewinnen."[16] Abschließend geben die Abbildungen 2 und 3 einen Überblick darüber, was Personalverantwortliche unter Personalmarketing verstehen und welche Unternehmen Personalmarketing betreiben.

Abbildung 2: Verständnis des Personalmarketingbegriffs

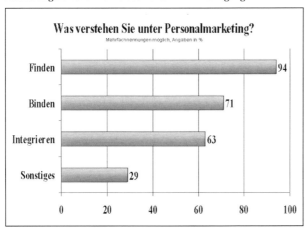

Quelle: DGFP e.V. (Hrsg.), (2006): Erfolgsorientiertes Personalmarketing in der Praxis, Düsseldorf, S. 17.

---

[13] Vgl. Böhm, H./Hauke, C. (Hrsg.), (1995): Personalmanagement in der Praxis, Köln, S. 25.

[14] Vgl. Dielmann, K., (1981): Betriebliches Personalwesen, Stuttgart, zit. bei: Böhm, H./Hauke,C., (1995), a.a.O., S. 25.

[15] Dietmann, E., (1993): Personalmarketing: Ein Ansatz zielgruppenorientierter Personalpolitik, Wiesbaden, S. 189.

[16] Schuler, H./Höft, S., (2004): Personalmarketing, in: Schuler, H. (Hrsg.), (2003): Lehrbuch Organisationspsychologie, 3. Auflage, Bern, zit. bei: Springer, J./Rochold, S., (2007): Personalmanagement, Aachen, S. 20, online, http://www.iaw.rwth-aachen.de/files/pm_02_2007.pdf.

Abb. 3: Zusammenhang Personalmarketing und Unternehmensgröße nach Anzahl der Mitarbeiter

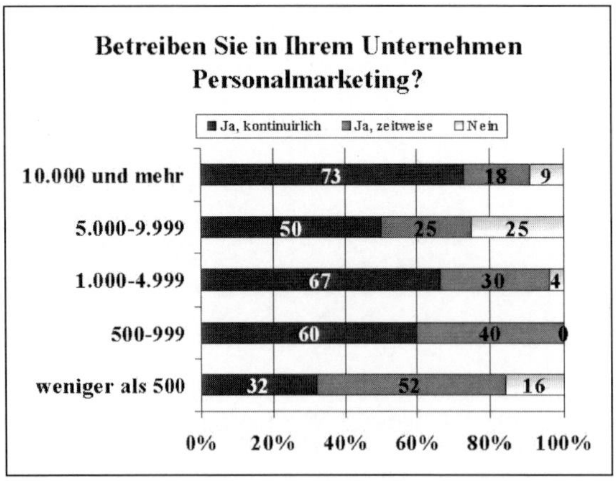

Betreiben Sie in Ihrem Unternehmen Personalmarketing?

■ Ja, kontinuirlich ■ Ja, zeitweise ☐ Nein

	Ja, kontinuirlich	Ja, zeitweise	Nein
10.000 und mehr	73	18	9
5.000-9.999	50	25	25
1.000-4.999	67	30	4
500-999	60	40	0
weniger als 500	32	52	16

Quelle: DGFP e.V. (Hrsg.), (2006): Erfolgsorientiertes Personalmarketing in der Praxis, Düsseldorf, S. 18.

2.2 Ansätze des Personalmarketing

Wie bereits erwähnt gibt es in der Literatur zahlreiche Begriffsdefinitionen für Personalmarketing. Da der Begriff Personalmarketing meist mehrdeutig verwendet wird, folgen nun einige Ansätze, die aktuell in der Diskussion sind. Abbildung 4 gibt einen kurzen Überblick über diese Ansätze.

Abbildung 4: Ansätze des Personalmarketing

Personalmarketing
- Internal Marketing
- Arbeitsplatzmarketing
- Ansatz der Mitarbeiterorientierung
- Marketing als Orientierungsrahmen für die Personalwirtschaft

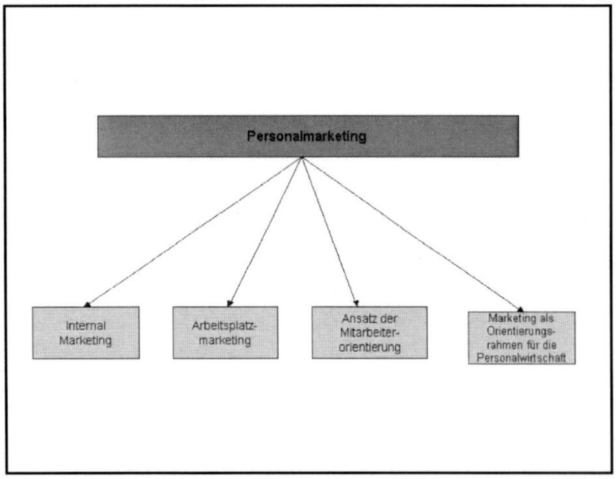

Quelle: Bröckermann, R./Pepels, W. (Hrsg.), (2002): Personalmarketing, Stuttgart, S. 4.

Beim **Internal Marketing** ist der Kunde der Orientierungspunkt der Austauschprozesse im Unternehmen. Die Beschäftigten orientieren sich demnach an den Kundenwünschen und auch die Arbeitsplätze werden nach diesen Wünschen ausgerichtet. Dennoch scheint eine Gleichsetzung von Internal Marketing und Personalmarketing unzweckmäßig. Die Konzentration der Unternehmen auf die Absatzmärkte ist sehr intensiv, wird aber durch Engpässe am externen Personalmarkt gebremst. Dies ist die Folge von nicht oder nur befristet zur Verfügung stehenden Spezialisten. Das **Arbeitsplatzmarketing** versucht der Verknappung des Arbeitskräfteangebots entgegenzuwirken, indem es die Personalbeschaffungsaktivitäten intensiviert. Personalmarketing zielt hier auf die Erhöhung der Attraktivität eines Unternehmens. Somit wird unter Personalmarketing sowohl die Schaffung und Optimierung als auch die Kommunikation von Attraktivitätspotentialen verstanden.[17] In der Praxis dominiert dieses Begriffsverständnis. Der **Ansatz der Mitarbeiterorientierung** versucht Anspruch und Wirklichkeit in Übereinstimmung zu bringen. Die Aktivitäten der Unternehmen sollen den Erwartungen und Interessen der Belegschaft entgegenkommen. Es müssen aber auch weitere Interessensgruppen wie Unternehmensleitung, Betriebsrat, Tarifparteien, Öffentlichkeit, Kapitaleigner sowie Kunden berücksichtigt werden. Denn Unternehmen, die sich lediglich an den Interessen der Beschäftigten orientieren und die Anforderungen des betrieblichen Leistungsprozesses aus den Augen verlieren, werden nicht lange Bestand haben. **Marketing als Orientierungsrahmen für die Personalwirtschaft** fordert von Unternehmen alle erdenklichen und realistischen Aktivitäten zu ergreifen, um die vorhandene bzw. noch zu erzeugende Erwartungshaltung der momentanen und zukünftigen Mitarbeiter durch eine marktkonforme Leistung zu befriedigen.[18] Hier wird deutlich, dass Personalmarketing zwar einen Schwerpunkt in der Personalakquisition hat, aber dennoch auch alle anderen personalwirtschaftlichen Aufgaben betrifft.[19]

2.3 Produktmarketing und Personalmarketing

Wie bereits erwähnt handelt es sich bei Personalmarketing um die Anwendung des Marketingbegriffs auf die betriebliche Personalarbeit. Wie die Grundüberlegungen des originären Marketing auf das Personalmarketing übertragen werden können, zeigt folgende Abbildung.

Abbildung 5: Gegenüberstellung Produktmarketing und Personalmarketing

	Produktmarketing	Personalmarketing
Gegenstand	Produkt	Arbeitsplatz, spezielle aber Arbeitsmöglichkeit in einem Unternehmen
Adressaten	Neukunden, Altkunden	zukünftige Mitarbeiter, gegenwärtige Mitarbeiter
Methoden	Absatz-Marktforschung, Image-Kampagne, Produktmarketing-Mix, After-Sales-Service	Arbeitsmarktforschung, Personalimageanzeigen, Personalmarketing-Mix, Mitarbeitergespräche
Aktionen	Produktbezogene Positionierung, Marktstrategien	Positionierung auf dem Arbeitsmarkt, Personalimagestrategien

Quelle: Böhm, H./Hauke, C. (Hrsg.), (1995): Personalmanagement in der Praxis, Köln, S. 26.

---

[17] Vgl. Schanz, G., (1993): Personalwirtschaftslehre, 2. Auflage, München, S. 284, zit. bei: Bröckermann, R./Pepels, W.: Personalmarketing an der Schnittstelle zwischen Absatz- und Personalwirtschaft, in: Bröckermann, R./Pepels, W. (Hrsg.), (2002), a.a.O., S. 4.
[18] Vgl. Scholz, C., (2000): Personalmanagement, 5. Auflage, München, S. 417, zit. bei: Bröckermann, R./Pepels, W., a.a.O., in: Bröckermann, R./Pepels, W. (Hrsg.), (2002), a.a.O., S. 5.
[19] Vgl. Bröckermann, R./Pepels, W. (Hrsg.), (2002), a.a.O., S. 3-5.

Hier wird deutlich, dass Personalmarketing die Grundgedanken des Marketing aufgreift, sich jedoch auf relevante Zielgruppen hinsichtlich ihrer Bedürfnisse fokussiert. Dabei müssen auf der Informationsseite die Bedürfnisse von aktuellen und potentiellen Mitarbeitern erfasst werden, um dann auf der Aktionsseite ihre Erfüllung zu signalisieren. Somit wird es für den (potentiellen) Mitarbeiter erstrebenswert dem Unternehmen seine Arbeitskraft anzubieten. Voraussetzung ist die Annahme, dass Arbeitskräfte in ihrer Entscheidung, einen Arbeitsplatz einzunehmen bzw. zu behalten, wie bei einem Produktkauf prinzipiell frei sind.[20] Dennoch gilt die Parallelität zwischen Produkt- und Personalmarketing nicht unbeschränkt. Während im Produktmarketing die Qualifikation des Käufers keine Rolle spielt, ist sie im Personalmarketing von erheblicher Bedeutung. Entscheidend ist, ob sich die am besten Geeigneten bewerben und anschließend im Unternehmen verbleiben. Die Anzahl der eingehenden Bewerbungen hingegen ist nicht maßgebend für den Erfolg von Personalmarketing.[21]

2.4 Abgrenzung des Personalmarketing

Bevor ein Unternehmen das für sich optimale Personalmarketingkonzept erstellen kann, muss es sich noch mit einigen wichtigen Punkten beschäftigen. Zuerst muss es die Zielgruppe definieren, die mit dem Personalmarketing angesprochen werden soll. Ebenso muss festgelegt werden, was mit dem Personalmarketing erreicht werden soll. Denn diese Punkte dienen als Orientierung für die Planung und die Durchführung der Personalmarketingaktivitäten. Im Folgenden wird ein Überblick über die Zielgruppen und Ziele von Personalmarketing gegeben.

2.4.1 Zielgruppen

Zunächst einmal stellt sich die Frage, wer die Zielgruppe des Personalmarketing ist. Personalmarketing richtet sich an vorhandene und zukünftige Mitarbeiter, genauso wie an ehemalige Mitarbeiter. In der Literatur erfolgt meist eine Aufteilung in externes und internes Personalmarketing. Dadurch kann gezielt auf die entsprechende Zielgruppe eingegangen werden.

2.4.1.1 Externes Personalmarketing

Das externe Personalmarketing hat zum Ziel, das Unternehmen in den relevanten Personalmärkten positiv zu positionieren und zu profilieren, d.h., „über das Unternehmen zu informieren, potentielle Mitarbeiter auf das Unternehmen hinzuweisen, sie eventuell für

---

[20] Vgl. Reich, K.: Der Einsatz von Marketinginstrumenten im Personalbereich, in: Strutz, H. (Hrsg.), (1992): Strategien des Personalmarketing, Wiesbaden, S. 14.
[21] Vgl. Claßen, I.: Personalmarketing, in: Böhm, H./Hauke, C. (Hrsg.), (1995), a.a.O., S. 26.

eine Mitarbeit zu interessieren, mit dem Ziel, die geeigneten Mitarbeiter auszuwählen und einzustellen".[22] Dabei hat das Personalmarketing vier wesentliche Aufgaben zu lösen:

1. Die individuelle Attraktivität des Unternehmens als Arbeitsplatz herauszuheben, nach außen darzustellen und zielgruppengerecht zu kommunizieren
2. Die Auswahl und Nutzung geeigneter und effektiver Personalbeschaffungswege und -maßnahmen sicherzustellen
3. Konkrete Einstiegsangebote bedarfsgerecht, zielgruppengerecht und zeitgemäß zu entwickeln und zu formulieren
4. Die Analyse von Bewerbungen und die Auswahl der geeigneten neuen Mitarbeiter vorzunehmen.[23]

Da es für das externe Personalmarketing wichtig ist, die Motive und Erwartungen der Zielgruppe zu analysieren, wird diese noch in zwei Gruppen unterteilt. Zum einen die Zielgruppe der potentiellen Bewerber, deren Mitarbeit von Interesse für das Unternehmen sein kann. Dazu zählen Studierende und Hochschulabsolventen, Schüler in der schulischen Erstausbildung, Berufsschüler und Schulabsolventen. Ebenso berufserfahrene gewerbliche und kaufmännische Mitarbeiter, Spezialisten, Führungsnachwuchskräfte etc., die auf Jobsuche sind, jedoch in einem festen Arbeitsverhältnis stehen. Zum anderen die Gruppe der Öffentlichkeit. Diese umfasst Personen und Institutionen, die eine entfernte Beziehung zum Unternehmen haben. Eine potentielle Mitarbeit im Unternehmen wird also nicht primär angestrebt. Dazu zählen u.a. IHK, HWK, Aktive in Gewerkschaften, Lehrer, Pressevertreter und Vertreter sozialer Einrichtungen.[24] Abschließend ist hervorzuheben, dass Personalmarketing bewerberorientiert agieren muss und damit sein Denken und Handeln auf die Stellensuchenden auszurichten hat.

2.4.1.2 Internes Personalmarketing

Das Ziel des internen Personalmarketing besteht darin, die Identifikation der gegenwärtigen Mitarbeiter mit dem Unternehmen zu steigern und anhand von Personalentwicklungsmaßnahmen ein internes Potential entwicklungsfähiger Mitarbeiter zu bilden.[25] Weiterhin soll die Fluktuationsrate gesenkt sowie die Mitarbeiterzufriedenheit und dadurch auch die -leistung erhöht werden. Um diese Ziele erreichen zu können, gilt es z.B. Weiterbildungs-, Karriere- und Entwicklungsmöglichkeiten, aber auch das Betriebsklima und den Führungsstil sowie Entgelt- und Arbeitszeitregelungen mitarbeitergerecht zu gestalten.[26]

---

[22] Strutz, H., (1993): Handbuch Personalmarketing, Wiesbaden, S. 8.
[23] Vgl. Strutz, H., (1993), a.a.O., S. 8.
[24] Vgl. DGFP e.V. (Hrsg.), (2006), a.a.O., S. 44 f.
[25] Vgl. Reich, K.-H., (1993): Personalmarketing-Konzeption, in: Strutz, H., (1993), a.a.O., S. 165.
[26] Vgl. Strutz, H., (1993), a.a.O., S. 12 f.

2.4.2 Ziele und Aufgaben des Personalmarketing

Wichtiger Bestandteil des Personalmarketing ist die Festlegung von Zielen. Die Ziele müssen in jedem Unternehmen individuell und spezifisch definiert werden. Dabei müssen jedoch drei Schritte zur Zielfindung beachtet werden:

1. Kopplung der Personalmarketingziele an die Unternehmensziele
2. Fokussierung der Zielinhalte auf das Leistbare durch Personalmarketing
3. Anpassung der Zielinhalte an Herausforderungen, die durch externe und interne Einflussfaktoren zustande kommen.[27]

Es wird deutlich, dass sich die personalmarketingspezifischen Ziele am unternehmerischen Zielsystem auszurichten haben. Somit bilden die im Unternehmen bereits bestehenden Strategien, Strukturen und Kulturen den organisationsinternen Orientierungsrahmen für das Personalmarketingkonzept. Die Ziele des Personalmarketing orientieren sich einerseits an der zu erbringenden Leistung (Sachziel) und andererseits an formalen Kriterien (Formalziel). Betriebswirtschaftliche Grundlagen bilden somit den Handlungsrahmen für personalmarketingbezogene Aktivitäten.[28]

Abbildung 6: Ziele des Personalmarketing

	Sachziel des Personalmarketing	Formalziele des Personalmarketing	
		Ökonomische Formalziele	Soziale Formalziele
Zielinhalt	Bereitstellen personeller Kapazität zur Wahrung der Handlungsfähigkeit eines Unternehmens	Wirtschaftlichkeit und Rentabilität als Maßstab des Einsatzes personalbezogener Maßnahmen	Menschliche Erwartungen und subjektive Nutzenwahrnehmungen als Maßstab des Einsatzes personalbezogener Maßnahmen
Angestrebtes Ausmaß	Abstimmen der bereitzustellenden personellen Kapazität mit den Erfordernissen des Unternehmens in quantitativer, qualitativer und örtlicher Hinsicht	Befriedigende Zielerreichung unter Bezug auf festgelegte Nebenbedingungen (z.B. Liquidität, Sicherheit im Sinne eines langfristigen Überlebens)	Befriedigende Zielerreichung unter Bezug auf festgelegte Nebenbedingungen (z.B. Einhaltung sozialer Ordnungsregeln)
Zeitlicher Bezug	Abstimmen der bereitzustellenden personellen Kapazität mit den Erfordernissen des Unternehmens in zeitlicher Hinsicht	Festlegen der ökonomischen Formalziele und Gewichtung in zeitlicher Hinsicht	Festlegen der sozialen Formalziele und Gewichtung in zeitlicher Hinsicht

Quelle: Nüssgens, K., (1975): Führungsaufgabe Personalwesen, Berlin – New York.

Da die Hauptaufgabe des Personalmarketing darin besteht, die Wettbewerbsposition auf dem externen oder internen Arbeitsmarkt so zu gestalten, dass genügend geeignete Mitarbeiter auf das Unternehmen aufmerksam werden, sind folgende drei Hauptziele des Personalmarketing hervorzuheben:

- Gewinnung potentieller Arbeitskräfte aus dem externen Arbeitsmarkt

---

[27] Vgl. DGFP e.V. (Hrsg.), (2006), a.a.O., S. 58.
[28] Vgl. Heinen, E., (1985): Entscheidungsorientierte Betriebswirtschaftslehre und Unternehmenskultur, in: Zeitschrift für Betriebswirtschaft 10, Wiesbaden, S. 980-991.

- Aufbau und Pflege eines positiven Arbeitgeberimage
- Sicherung der Mitarbeiter hinsichtlich ihrer Verfügbarkeit als interne Arbeitskraft.[29]

Da diese Ziele sehr allgemein formuliert sind, werden nun ein paar konkrete Ziele, welche auch besser messbar sind, vorgestellt. Für den internen Arbeitsmarkt lassen sich folgende Teilziele vorschlagen:[30]

- Steigerung der Identifikation der Mitarbeiter mit dem Unternehmen
- Senkung der Fluktuationsrate
- Steigerung der Mitarbeiterzufriedenheit.

Bezogen auf den externen Arbeitsmarkt können z.B. diese Ziele genannt werden:

- Steigerung des Bekanntheitsgrades und des Image des Unternehmens; dadurch langfristige Sicherung des Akquisitionspotentials
- Verkürzung der Vakanz von Stellenangeboten
- Steigerung der Zahl der Bewerbungseingänge
- Steigerung der Qualität der eingehenden Bewerbungen
- Steigerung des Anteils von Onlinebewerbungen im Vergleich zu postalischen Bewerbungen.

Da diese Ziele wie oben erwähnt alle unternehmensspezifisch formuliert werden müssen, können sie variieren und somit erhebt die Auflistung keinen Anspruch auf Vollständigkeit.

3. Ausbildungsmarketing

Ausbildungsmarketing wird grundsätzlich immer dann angewendet, wenn es einen Mangel an Auszubildenden zu geben scheint. Dennoch gewinnt das Ausbildungsmarketing auch in Zeiten, in denen die Nachfrage am Arbeitsplatzmarkt größer als das Angebot ist, zunehmend an Bedeutung. Zum einen gewinnt die Rekrutierung und bedarfsgerechte Ausbildung geeigneter Nachwuchskräfte ein immer größeres Gewicht für die Sicherung der Wettbewerbsfähigkeit der Unternehmen.[31] Zum anderen wird Ausbildungsmarketing auf Grund der demografischen Entwicklung wieder an Relevanz gewinnen. Abnehmende Schulabsolventenzahlen sowie stark schwankende Azubi-Neueinstellungen auf der einen und ein immer größer werdender Anteil an älteren Arbeitnehmern auf der anderen Seite machen eine Auseinandersetzung mit Ausbildungsmarketing unumgänglich.[32] Die folgenden Abbildungen verdeutlichen die oben genannte Problematik.

---

[29] Vgl. Claßen, I.: Personalmarketing, in: Böhm, H./Hauke, C. (Hrsg.), (1995), a.a.O., S. 31.
[30] Vgl. Springer, J./Rochold, S., (2007): Personalmanagement, Aachen, online, http://www.iaw.rwth-aachen.de/files/pm_02_2007.pdf (01.09.2007), S. 25 f.
[31] Vgl. Falk, R.: Nachwuchsgewinnung mit gezieltem Ausbildungsmarketing, in: Forschungsinstitut Betriebliche Bildung, (2007): Effizienz in der Ausbildung, Bielefeld, S. 19.
[32] Vgl. Dietl, S., (2003): Ausbildungsmarketing und Bewerberauswahl, Köln, S. 18.

Abbildung 7: Schulabgänger

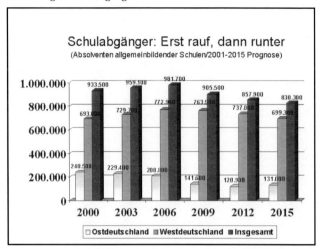

Quelle: eigene Darstellung in Anlehnung an: Dietl, S., (2003), Köln, S. 18.

Abbildung 8: Entwicklung der Bevölkerung in Deutschland

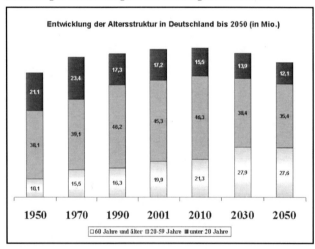

Quelle: eigene Darstellung in Anlehnung an: Statistisches Bundesamt, (2003): Bevölkerung Deutschlands bis 2050, 10. koordinierte Bevölkerungsvorausberechnung, Wiesbaden, S. 31.

In mittelständischen Unternehmen, die ausbilden und in denen es keine Marketingabteilung gibt, wird in Sachen Ausbildungsmarketing wenig bis nichts unternommen. Dies hat zur Folge, dass diese Unternehmen – die in Deutschland die Hauptlast der Ausbildung tragen – bei potentiellen Bewerbern kaum bekannt sind. Meist bewerben sich nur diejenigen, die bei den bekannten größeren Unternehmen abgewiesen wurden. Daraus können dann für die mittelständischen Unternehmen erhebliche Wettbewerbsnachteile entstehen.[33] Aus diesem Grund müssen die Unternehmen ein eigenes herausragendes Profil

---

[33] Vgl. Der neue Berufspädagoge IHK, (2007): Mehr Qualifikation für alle Ausbilder/innen, online, http://ausbilder-weiterbildung.de/basismodul_d-shtml (05.09.2007), S. 1.

schaffen. Hierbei werden die Unternehmen im Vorteil sein, die eine gute Ausbildungspolitik vorzuweisen haben und diese im Sinne des Marketing auch kommunizieren. Dieses Kapitel soll nun einen Überblick über die Bedeutung des Ausbildungsmarketing geben, Möglichkeiten von Ausbildungsmarketinginstrumenten aufzeigen und Anregungen geben, wie sich ein Unternehmen als attraktiver Ausbilder darstellen kann.

3.1 Begriffsdefinition

Wie der Name schon andeutet, bezieht sich das Ausbildungsmarketing insbesondere auf Auszubildende. Es kann aber als Teilaspekt des Personalmarketing angesehen werden.[34] Genauso wie Personalmarketing lässt sich auch das Ausbildungsmarketing in internes und externes Marketing einteilen. Während sich internes Ausbildungsmarketing mit den bereits eingestellten Auszubildenden beschäftigt, bilden beim externen Ausbildungsmarketing die potentiellen Auszubildenden, also die Schulabgänger, die Hauptzielgruppe.[35] Das externe Ausbildungsmarketing richtet sein Augenmerk auf die Präsentation der Ausbildung auf dem Bewerbermarkt, das Begeistern für das Unternehmen und seine Produkte bzw. Dienstleistungen, ebenso wie auf das Wecken von Interesse bei geeigneten Bewerbern. Beim internen Personalmarketing geht es um Maßnahmen und Aktivitäten zur Gewinnung/Erhöhung von Ausbildungsbereitschaft und zur Bindung von Auszubildenden.[36] In dieser Arbeit wird jedoch nur auf das externe Ausbildungsmarketing eingegangen. Ausbildungsmarketing ist somit kein modischer Trend, sondern ein notwendiges Konzept zur langfristigen Auszubildendengewinnung. Es leitet sich ebenfalls vom originären Absatzmarketing ab.[37] Die nachfolgende Abbildung gibt einen Überblick über die vier klassischen Säulen des Marketing und die Transformation auf das Ausbildungsmarketing.

Abbildung 9: Die Säulen des Ausbildungsmarketing

Terminologie des originären Marketing	Ausprägung im Ausbildungsmarketing
Distributionspolitik: Auf welchen Wegen wird das Produkt vertrieben?	Auszubildenden-Einsatzpolitik: Nach welchen Kriterien werden Auszubildende in den Fachbereichen versetzt: - nach Kundenbedürfnissen? - nach Ausbildungsplan?
Kommunikationspolitik: Wie stellt sich das Unternehmen nach innen und außen dar?	Welche Kanäle nutzt die Ausbildung, um sich nach innen zu präsentieren und die Führungskräfte zu überzeugen? Welche Kanäle nutzt die Ausbildung, um sich potenziellen Bewerbern gegenüber zu präsentieren?
Produktpolitik: Welche neuen Produkte entstehen? Wie werden bestehende Produkte verändert? Welche Produkte werden wann vom Markt genommen?	Welche Lerninstrumente werden eingesetzt, um aus Auszubildenden von heute Mitunternehmer von morgen zu entwickeln? Welche Kriterien müssen zeitadäquate Instrumente erfüllen?
Preispolitik: Nach welchen Kriterien wird der Preis für ein Produkt festgelegt?	Nach welchen Kriterien werden Auszubildende bezahlt? Haben sie auch einen freiwilligen, variablen Bonus? In welcher Form? Was ist der Maßstab?

Quelle: Dietl, S., (2003): Ausbildungsmarketing und Bewerberauswahl, Köln, S. 17.

---

[34] Vgl. Mosters, M., (2007), a.a.O., S. 46.
[35] Vgl. Strutz, H., (1993), a.a.O., S. 242.
[36] Vgl. DGFP e.V. (Hrsg.), (2004): Berufsausbildung in der Praxis, Bielefeld, S. 25 f.
[37] Vgl. Dietl, S./Speck, P., (2003), a.a.O., S. 34 f.

Abschließend kann Ausbildungsmarketing folgendermaßen zusammengefasst werden: „Ausbildungsmarketing umfasst alle Maßnahmen der Ansprache, Information und der Begeisterung interner und externer Zielgruppen für die Ausbildung im Unternehmen."[38]

3.2 Identifikation und Definition der relevanten Zielgruppe

Zunächst einmal stellt sich jedem Unternehmen die Frage, wer die Zielgruppe des Ausbildungsmarketing sein soll. Wenn die Gruppe festgelegt worden ist, kann die Kernbotschaft des Ausbildungsmarketing konkretisiert werden. Das Unternehmen muss sich nun überlegen, als was es sich am Bewerbermarkt darstellt. Darauf bauen dann die Instrumente des Ausbildungsmarketing auf. Des Weiteren muss noch überlegt werden, wo die Zielgruppe am ehesten anzutreffen ist und wie diese optimal angesprochen werden kann.[39]
Wie bereits in Punkt 3.1 erwähnt, unterscheidet man internes und externes Ausbildungsmarketing. Die Hauptzielgruppe des externen Ausbildungsmarketing, d.h. die potentiellen Bewerber, also die Schulabgänger, können noch nach besuchter Schulform und damit verbundenem Abschlussniveau unterschieden werden:[40]

- ohne Hauptschulabschluss (Hauptschüler ohne Abschluss)
- mit Hauptschulabschluss (Hauptschüler)
- mit mittlerem Abschluss (Realschüler)
- Hochschulzugangsberechtigte (Abiturienten).

Hinzu kommen noch die Schüler höherer Wirtschaftsschulen, Berufsfachschulen und diejenigen mit Fachhochschulreife (Abgänger nach der 12. Jahrgangsstufe). Wichtig ist jedoch, dass das Ausbildungsmarketing nicht nur auf die potentiellen Auszubildenden zu richten ist, sondern auch Einflussgruppen wie Eltern, Lehrer und Verwandte mit in die Kommunikationsgestaltung des Ausbildungsmarketing einbezogen werden. Ein besonderes Augenmerk ist dabei auch auf die Peergroup zu richten. Diese besteht aus Freunden, Klassenkameraden und anderen Auszubildenden. Denn diese Gruppen beeinflussen oft die Berufswahl des potentiellen Auszubildenden.[41]
Auch die internen Zielgruppen müssen bei der Entwicklung von Ausbildungsmarketingkonzepten berücksichtigt werden. Dazu zählen Unternehmensmanager, Fachabteilungen und Ausbildungsbeauftragte. Da diese Gruppe über das Budget entscheidet und aktiv an der Ausbildung beteiligt ist, ist es von großer Bedeutung die Gruppe von der Notwendigkeit der betrieblichen Ausbildung zu überzeugen. Denn nur diese Zielgruppe kann wiederum die Zielgruppe der Stakeholder von der Notwendigkeit der Nachwuchssicherung überzeugen. Für sie ist es wichtig, dass sie die Berufsausbildung auch in ihren Entschei-

---

[38] DGFP e.V. (Hrsg.), (2004), a.a.O., S. 24.
[39] Vgl. Dietl, S./Speck, P., (2003), a.a.O., S. 38.
[40] Vgl. Strutz, H., (1993), a.a.O., S. 242.
[41] Vgl. Forschungsinstitut Betriebliche Bildung, (2007), a.a.O., S. 20 f.

dungsstrukturen wiederfinden.[42] „Vor diesem Hintergrund sollten alle Aktivitäten auf die gewünschte Zielgruppe ausgerichtet sein, um einen möglichst hohen Effekt zu Gunsten des Unternehmens zu bewirken."[43]

3.3 Bewerbermarkt – Angebot und Nachfrage

In den letzten Jahren sind der Ausbildungsplatzmarkt und die Bewerbernachfrage erheblich in Schieflage geraten. Besonders regionale Unausgewogenheiten und vor allem erhebliche Ungleichgewichte zwischen den Berufswünschen der Jugendlichen und dem tatsächlichen Angebot der Ausbildungsberufe sind dafür verantwortlich.[44] Auch die demografische Entwicklung spielt hier wieder eine zentrale Rolle. In Ostdeutschland und Berlin wird die Bewerberzahl bis 2012 um etwa die Hälfte auf rund 84.000 Ausbildungsplatzbewerber zurückgehen. In Westdeutschland ist im Jahr 2008 mit ca. 492.000 Ausbildungsplatzbewerbern zu rechnen. Längerfristig wird sich der Bedarf dann auf einem Niveau von ca. 465.000 einpendeln. Derzeit besteht in Ostdeutschland noch ein Mangel an betrieblichen Ausbildungsplätzen. In Westdeutschland hingegen sind bereits heute manche Betriebe vom Bewerbermangel betroffen. Dies sind insbesondere Unternehmen, die Ausbildungsberufe in der Dienstleistungsbranche und im gewerblich-technischen Bereich anbieten. Auch Betriebe des Handwerks, der Metallindustrie und der chemischen Industrie melden für einige Ausbildungsberufe rückläufige Bewerberzahlen.[45] Die folgenden Abbildungen sollen einen Überblick über die Entwicklung der Zahl von Schulabgängern und die Entwicklung von Angebot und Nachfrage auf dem Ausbildungsmarkt geben. Ebenfalls wird ein Einblick in die neu abgeschlossenen Ausbildungsverträge des Jahres 2006 gegeben.

---

[42] Vgl. Forschungsinstitut Betriebliche Bildung, (2007), a.a.O., S. 21.
[43] Dietl, S./Speck, P., (2003), a.a.O., S. 38.
[44] Vgl. Buschfeld, J., (2007): Wie wähle ich den „richtigen" Auszubildenden aus?, online, http://www.shm-netzwerk.de/shm_wahl_des_richtigen_auszubildenden.html (03.09.2007), S. 1.
[45] Vgl. Falk, R./Zedler, R., (2006): Strategisches Ausbildungsmarketing, in: Schwuchow, K.-H./Gutmann, J.: Jahrbuch Personalentwicklung 2006, München, S. 43.

Abbildung 10: Entwicklung der Zahl der Schulabgänger

Quelle: eigene Darstellung in Anlehnung an: Bundesministerium für Bildung und Forschung, (2006): Berufsbildungsbericht 2006, Berlin, S. 94.

Abbildung 11: Neu abgeschlossene Ausbildungsverträge, Angebot und Nachfrage

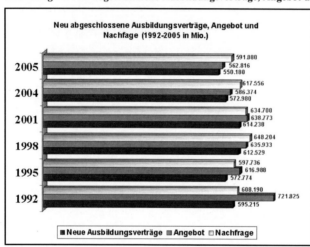

Quelle: eigene Darstellung in Anlehnung an: Bundesministerium für Bildung und Forschung, (2006): Berufsbildungsbericht 2006, Berlin, S. 15.

Abbildung 12: Abgeschlossene Ausbildungsverträge 2006

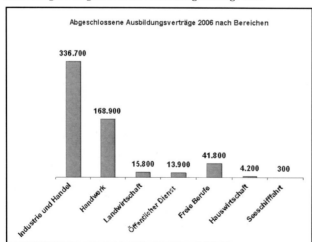

Quelle: eigene Darstellung in Anlehnung an: Statistisches Bundesamt, (2007), online, http://www.destatis.de/jetspeed/portal/cms/Sites/destatis/Internet/DE/Presse/pm/2007/ (07.09.2007).

Auch die Internationalisierung der Unternehmensaktivitäten spielt eine Rolle. Durch neue Technologien wird es immer mehr Unternehmen möglich, den internationalen Absatz- und Beschaffungsmarkt zu erschließen. Dies zieht jedoch Veränderungen bei der an internationalen Standards auszurichtenden Produkterstellung nach sich. Deshalb müssen sowohl organisatorische als auch aus- und weiterbildungsbezogene Anstrengungen unternommen werden. Das Fortschreiten der technologischen Entwicklung führt zu höheren Anforderungen an die Benutzung der Technologien. So kommt es zu einer Abnahme ungelernter Arbeiter zugunsten qualifizierter Fachkräfte.[46] Ferner stellen Unternehmen ein sinkendes Qualifikationsniveau der Schulabsolventen fest, das die Besetzung angebotener Ausbildungsplätze nicht erlaubt. Einfachste Kulturtechniken werden nicht mehr beherrscht. Aber auch gravierende Schwächen im Verhalten, wie mangelnde Selbständigkeit, Initiative oder Team- und Kommunikationsfähigkeit, kommen vermehrt zum Vorschein.[47] In Kapitel 4 wird auf diese Thematik noch genauer eingegangen. Festzustellen ist auch eine Veränderung des Abschlussniveaus der Abgänger. Die Nachfrage nach Ausbildungsplätzen für Facharbeiterberufe nimmt erheblich ab. Verschärft wird diese Entwicklung durch die anhaltend hohe Studienbereitschaft der Abiturienten. Im Folgenden wird ein Überblick über die Bildungsabsichten der Schüler nach dem Schulabschluss gezeigt.

Abbildung 13: Bildungsabsichten der Schüler nach dem Schulabschluss in %

	Duale Ausbildung	Andere Ausbildung¹	Studium	Allgemein bildende und berufliche Schule²	Berufliche Vollzeitschule³	Sonstige⁴
Männlich	60,9	2,2	12,7	6,5	4,0	13,7
Weiblich	51,3	8,7	16,9	10,5	5,2	7,4
Alte Länder	55,1	5,0	15,1	8,8	5,3	10,6
Neue Länder einschließlich Berlin	60,1	6,4	13,4	7,0	2,1	11,0
Ohne Migrationshintergrund	56,0	5,5	14,7	8,6	4,4	10,8
Mit Migrationshintergrund	57,5	4,6	14,6	7,5	5,7	10,0
Aus Hauptschulen	72,9	3,3	1,3	6,9	14,1	1,6
Aus Realschulen	59,9	8,1	1,5	21,9	4,5	4,2
Aus integrierten Gesamtschulen	60,2	5,8	7,8	15,5	2,9	7,8
Aus Gymnasien	17,1	3,0	52,0	0,7	-	27,2
Aus FOS und Fachgymnasien	38,8	4,3	37,1	3,4	0,9	15,5
Aus Berufl. Vollzeitschulen	76,9	6,6	1,5	2,7	2,1	10,2
Mit Hauptschulabschluss	76,7	4,3	0,5	5,7	9,7	3,1
Mit Realschulabschluss /mittlerer Bildungsabschluss	63,7	7,5	1,6	17,9	3,6	5,7
Mit Hochschul-/Fachhochschulreife	25,7	3,9	44,9	0,2	1,1	24,2
Gesamt	**56,3**	**5,3**	**14,7**	**8,4**	**4,6**	**10,7**

¹) Berufsfachschulische Ausbildung, die zu einem Berufsabschluss führt, Laufbahn im Öffentlichen Dienst
²) Haupt-,Realschule, integrierte Gesamtschule,Gymnasium, Fachoberschule, Fachgymnasium
³) Ein- oder zweijährige Berufsfachschule, die nicht zu einem Berufsabschluss führt, Berufsgrundbildungsjahr, Berufsvorbereitungsjahr
⁴) Arbeit, Praktikum, Wehr-, Zivildienst, freiw. soz./ök. Jahr, Arbeitslos

Quelle: Bundesministerium für Bildung und Forschung (2006): Berufsbildungsbericht 2006, Berlin, S. 86.

---

[46] Vgl. DGFP e.V. (Hrsg.), (2004), a.a.O., S. 11 f.
[47] Vgl. Falk, R./Zedler, R., (2006), a.a.O., S. 43.

3.4 Employer Branding als Bestandteil erfolgreicher Nachwuchsbeschaffung

Schon heute hört man aus Unternehmenskreisen häufig vom Mangel bzw. dem zukünftig erwarteten Mangel an qualifizierten Nachwuchskräften. Die Positionierung der Unternehmen in den Köpfen der Nachwuchskräfte, das Employer Branding, stellt einen wichtigen Faktor im Wettbewerb der Unternehmen um die Gewinnung dieser Gruppe dar.[48] Konsequentes und professionell gemachtes Employer Branding hilft somit personalbedingte Wettbewerbs- und Wachstumsdefizite zu beheben. Allerdings steckt Employer Branding in Deutschland noch in den Kinderschuhen. Für die mittelständischen Unternehmen ist Employer Branding zurzeit jedoch ein bedeutendes Managementthema. Gerade für diese Unternehmen ist es ein Weg, um sich auch gegenüber großen Unternehmen als attraktiver Arbeitgeber zu positionieren, die Leistungsbereitschaft der Mitarbeiter zu verbessern und Kosten nicht nur im HR-Bereich zu senken.[49] „Employer Branding ist mehr als Marketing. Das Unternehmen präsentiert nicht seine Produkte, sondern sich selbst als Marke. Die Werte, die es damit transportiert, steigern seine Attraktivität – für Mitarbeiter und Bewerber."[50] Somit kann Employer Branding folgendermaßen definiert werden: „Employer Branding ist die markenstrategisch fundierte, interne Entwicklung und externe Positionierung eines Unternehmens oder einer Institution als Arbeitgebermarke und damit als attraktiver und glaubwürdiger Arbeitgeber."[51] Im Folgenden werden Einblicke in den Aufbau einer Arbeitgebermarke und in die Bedeutung des Arbeitgeberimage gegeben.

3.4.1 Arbeitgebermarke

Eines der wichtigsten Ziele des Ausbildungsmarketing ist die Verbesserung des Unternehmensimage auf dem Arbeitsmarkt. Dies geschieht über die Arbeitgebermarke. Die Arbeitgebermarke, auch als Employer Brand bezeichnet, ist das in den Köpfen der potentiellen, aktuellen und ehemaligen Mitarbeitern fest verankerte, unverwechselbare Vorstellungsbild eines Unternehmens als Arbeitgeber.[52] Das Employer Brand ist der Teil des

---

[48] Vgl. Studie Employer Branding, (2006), online, http://apollo.zeit.de/chaka/pdf/Employer_Branding_2006_Summary.pdf (09.09.2007), S. 1.
[49] Vgl. Deutsche Employer Branding Akademie, (2007): Employer Branding im Mittelstand: Chancen und positive Effekte, Berlin, online,
http://www.foerderland.de/755+M5290021952d.0.html
http://www.foerderland.de/755+M582b5046fff.0.html (09.09.2007).
[50] Pawlik, A., (2007): Arbeitgebermarke: Einzigartig sein, online, http://hr.monster.de/13063_de-DE_pl.asp (27.08.2007), S. 1.
[51] Wickel-Kirsch, S., (2007): Relevanz von Employer-Branding-Konzepten für Ihr Unternehmen, S. 9, in: War for Talents. Steigern Sie Ihre Attraktivität als Arbeitgeber und gewinnen Sie Top Talente, Konferenz 26./27. Juni, Berlin.
[52] Vgl. Schiller Garcia, J., (2006): Personalmarketing und Internet, Saarbrücken, S. 26.

Employer Image, der durch den Einsatz von Instrumenten aus dem HR-Marketingmix direkt vom HR beeinflusst werden kann. Herz des Employer Branding ist immer eine die Unternehmensmarke spezifizierende Markenstrategie.

3.4.1.1 Eigenschaften der Arbeitgebermarke

Als besonders gut gilt eine Marke, wenn sie die folgenden drei Eigenschaften besitzt:
- Sie ist attraktiv
- Sie ist unverwechselbar
- Sie besitzt Nachhaltigkeit.

Durch diese Eigenschaften wird das Unternehmen vom Bewerber auch bei schlechter Konjunktur wahrgenommen. Damit die Eigenschaften auch wirkungsvoll in die Arbeitgebermarke übertragen werden können, müssen sie in diese wesentlichen Bestandteile zerlegt werden:[53]

- Unternehmen
- Unternehmenskultur
- Personalentwicklung
- Mitarbeiterführung
- Personalbetreuung
- Gehaltssystem.

Das Unternehmen definiert sich über seine Vision und Leitbilder. Diese lassen sich über die einschlagenden Strategien des Unternehmens vermitteln. Die Unternehmenskultur entsteht durch die Mitarbeiter. Sie definieren die Werte der Zusammenarbeit. Durch ihre gemeinsame Vorstellung über das Arbeitsleben identifizieren sie sich mit dem Unternehmen. Personalentwicklung zielt seinerseits darauf ab, die Leistungsfähigkeit und Leistungsbereitschaft zu erhöhen. Motivationspotentiale werden durch Aufzeigen von Entwicklungsmöglichkeiten, systematische Nachwuchsförderung und bedarfsgerechte Weiterbildung erzeugt. Die Mitarbeiterführung ist ein wesentlicher Bestandteil des Image, da die Arbeitgebermarke durch den Mitarbeiter transportiert wird. Auch die Personalbetreuung spielt eine große Rolle. Wenn der Mitarbeiter optimal betreut wird (von der Bewerbung bis zum Austritt), steigert dies das Zugehörigkeitsgefühl und wirkt sich positiv auf das Image des Unternehmens aus. Abschließend ist die Zusammensetzung des Gehaltssystems noch von Bedeutung. Es schafft die Grundlage für eine anforderungsgerechte, leistungs- und erfolgsorientierte Entlohnung.[54]

---

[53] Vgl. Schiller Garcia, J., (2006), a.a.O., S. 26 f.
[54] Vgl. Schiller Garcia, J., (2006), a.a.O., S. 27.

3.4.1.2 Entstehung der Arbeitgebermarke

Doch wie kommt ein Unternehmen dahin, als Arbeitgeber eine Marke zu sein? Und was macht das Unternehmen gegenüber den Konkurrenten wirklich einzigartig und besonders? Diese Frage muss jeder Employer-Branding-Strategie zugrunde liegen.[55] Die folgende Abbildung gibt einen Überblick über die Entstehung eines Employer Brand.

Abbildung 14: Entstehung eines Employer Brand

Quelle: Wickel-Kirsch, S. (2007): Relevanz von Employer-Branding-Konzepten für Ihr Unternehmen, Berlin, S. 10.

Besonders wichtig für eine Arbeitgebermarke ist, dass sie polarisiert. Sie soll die Bewerber anziehen, die zum Unternehmen passen, und die anderen abstoßen. Es geht nicht darum, dass möglichst viele Leute die Marke gut finden, sondern die „richtigen" Leute sollen sie gut finden. Der Erfolg des Employer Branding steht und fällt allerdings mit der Glaubwürdigkeit, wenn die Behauptungen des Unternehmens den Tatsachen entsprechen.[56]

3.4.1.3 Kommunikation der Arbeitgebermarke

Dem Unternehmen stellt sich die Frage, wie es die Positionierung des Employer Brand umsetzen kann. Dies kann mit einem geeigneten Kommunikationskonzept realisiert werden. Denn Marken entstehen und leben durch Kommunikation. Als zentrale Kommunikationsziele können dabei die Erreichung einer höheren Bekanntheit sowie die Vermittlung des gewünschten Bildes des Employer Brand gesehen werden. Wichtig ist, dass die Kommunikation klar, prägnant und operational formuliert ist, damit Missverständnisse

---

[55] Vgl. Pawlik, A., (2007): Arbeitgebermarke: Einzigartig sein, online, http://hr.monster.de/13063_de-DE_p2.asp (27.08.2007).
[56] Vgl. Pawlik, A., (2007): Arbeitgebermarke: Einzigartig sein, online, http://hr.monster.de/13063_de-DE_p2.asp (27.08.2007).

vermieden werden können. Für die Umsetzung bieten sich grundsätzlich alle Maßnahmen der klassischen Werbegestaltung an. Kreativität und Einzigartigkeit der Botschaften sind jedoch von größerer Bedeutung, damit eine Chance zur Profilierung des Employer Brand auf den informations- und werblich überfluteten Märkten gegeben ist.[57] Die Kommunikationsinstrumente können hinsichtlich der Zielrichtung, d.h. intern/extern, und der Art des Kommunikationsträgers, d.h. Individual-/Massenkommunikation, kategorisiert werden. Folgende Abbildung gibt einen Einblick in mögliche Kommunikationsinstrumente.

Abbildung 15: Mögliche Kommunikationsinstrumente beim Employer Branding

Kommunikationsrichtung		Massenkommunikation	Persönliche Kommunikation
	intern	• Mitarbeiterzeitschrift • Intranet • E-Mails	• Mitarbeitergespräche • E-Mails (persönlich) • Verhalten des Vorgesetzten
	extern	• Internet • Recruiting-/Imagebroschüren • Image-Werbung in Zeitschriften	• Praktikum • Workshops • Seminare oder Vorträge
		Kommunikationsart	

Quelle: Wiese, D., (2005): Employer Branding, Saarbrücken, S. 64.

Die Durchsetzung des Employer Brand nach außen (extern) wird vom Interesse und Engagement der potentiellen Mitarbeiter an der Arbeitgeberwahl bestimmt. Das Involvement hat somit Auswirkungen auf das Informationsverhalten der Zielgruppe. Je stärker sie involviert ist, desto interessierter ist sie an der Markenkommunikation. Der Engagementgrad bestimmt deshalb auch die Gestaltung der Kommunikationsmaßnahmen. Bei der Durchsetzung des Employer Brand nach innen (intern) treten die Mitarbeiter als Botschafter auf. Sie repräsentieren das Unternehmen und spiegeln dabei seine Kompetenz und Qualität wider. Somit sind sie für den ersten Eindruck verantwortlich, den ein Bewerber von dem Unternehmen bekommt. Auch aus unternehmensinternen Gesichtspunkten ist die interne Kommunikation wichtig. Die Verpflichtung gegenüber der Arbeitgebermarke durch die Mitarbeiter wirkt motivierend und fördert die integrative Wirkung der marktbezogenen Maßnahmen. Zudem werden durch die Arbeitgebermarke die emotionale Bindung und die Loyalität der Mitarbeiter gestärkt. Daher ist es wichtig den einzelnen

---

[57] Vgl. Wiese, D., (2005): Employer Branding, Saarbrücken, S. 62 f.

Mitarbeitern eine Identifikation mit dem Employer Brand zu vermitteln und diese in dem Bewusstsein zu verankern.[58]

3.4.1.4 Fazit

Abschließend folgt noch einmal ein Überblick darüber, was Employer Branding den Unternehmen bringen kann.[59]

Mitarbeitergewinnung: Erhöhung der Arbeitgeberattraktivität, Verbesserung der Bewerberpassung, Reduzierung der Recruitingkosten.

Mitarbeiterbindung: Verbesserung der Mitarbeitermotivation, Stärkung der Identifikation mit dem Unternehmen, Senkung der Fluktuationskosten.

Leistung: Steigerung der Qualität der Arbeitsergebnisse, Erhöhung der Mitarbeiterloyalität, Stärkung der Eigenverantwortung, Senkung des Führungsaufwandes.

Unternehmensmarke: Stärkung des Unternehmensimage, Steigerung des Unternehmenswerts, Erschließung von Marketingsynergien.

3.4.2 Arbeitgeberimage

Wie bereits mehrfach erwähnt, nimmt das Arbeitgeberimage eine entscheidende Rolle beim Wettbewerb um potentielle Mitarbeiter ein. Jeder Arbeitgeber wird von der Öffentlichkeit mit einem individuellen Bild wahrgenommen, was die Attraktivität am Arbeitsmarkt bestimmt. Deshalb ist das Arbeitgeberimage ein entscheidender Faktor für das Ausbildungsmarketing. Das Unternehmen muss sich in einem unverwechselbaren Licht der jeweiligen Zielgruppe präsentieren, um somit auf sich aufmerksam zu machen und potentielle Bewerber für sich zu gewinnen.[60] Doch was genau kann unter Arbeitgeberimage verstanden werden? Unter dem Begriff Image kann die Gesamtheit aller Einstellungen gegenüber einem bestimmten Meinungsgegenstand subsumiert werden.[61] Im weiteren Sinne bedeutet Image so viel wie das Bild, das sich jemand von einem Gegenstand macht. Dennoch besitzt kein Objekt selbst ein Image, sondern es sind immer die anderen, die einem Meinungsgegenstand in ihrer Vorstellung ein bestimmtes Bild geben. Jedoch besitzt das Image einen ganzheitlichen Charakter und vereint alle als relevant erachteten Einstellungsdimensionen des Bezugsobjektes. Diesbezüglich kann das Image auch als mehrdimensionales Einstellungskonstrukt verstanden werden.[62] Vielfach werden „Personalimage" und „Arbeitgeberimage" bei unterschiedlichem theoretischem Hintergrund synonym für die individuelle und subjektive Bewertung eines Unternehmens als

---

[58] Vgl. Wiese, D., (2005), a.a.O., S. 64 ff.
[59] Vgl. Wickel-Kirsch, S., (2007), a.a.O., S. 11.
[60] Vgl. Mosters, M., (2007), a.a.O., S. 49.
[61] Vgl. Strutz, H., (1993), a.a.O., S. 245 f.
[62] Vgl. Kröber-Riel, W., (1984): Konsumentenverhalten, München, S. 190 f.

Arbeitgeber verwendet. In dieser Arbeit wird Freimuth und Elfers gefolgt, die „Personalimage" und „Arbeitgeberimage" differenzieren.[63] Personalimage beschreibt die Wahrnehmung aller Leistungen, die durch Personalpolitik bewusst gestaltet werden, um die Leistungsbereitschaft und -fähigkeit der Mitarbeiter zu fördern. Arbeitgeberimage hingegen beinhaltet die Wahrnehmung aller Faktoren, die den Entscheidungsprozess von Bewerbern, sich für ein Unternehmen als Arbeitgeber zu entscheiden, beeinflussen. Somit umfasst der Begriff Arbeitgeberimage neben Personalimage auch Branchen- und Standortimage sowie den Prestigewert der überwiegend gesuchten Berufsgruppe (siehe Abbildung 16).

Abbildung 16: Determinanten des Arbeitgeberimage

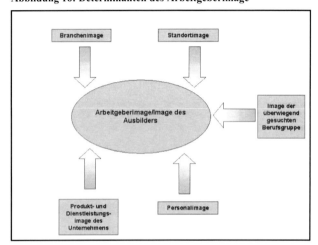

Quelle: eigene Darstellung in Anlehnung an: Freimuth, J./Elfers, C., (1993), Stuttgart, S. 262.

Abschließend kann Arbeitgeberimage folgendermaßen zusammengefasst werden: Arbeitgeberimage ist die Wahrnehmung einer Unternehmung bezogen auf die Ausprägungen derjenigen Merkmale, in denen sich die Attraktivität als potentieller Arbeitgeber widerspiegelt. Es bestimmt somit die Anziehungskraft bzw. die Attraktivität des Unternehmens auf dem Arbeitsmarkt.[64]

3.4.2.1 Funktionen des Arbeitgeberimage

Das Konstrukt des Arbeitgeberimage ist von besonderer Bedeutung, da ein Individuum auf dem Arbeitsmarkt in der Regel kaum Zugang zur tatsächlichen Beschaffenheit eines Unternehmens besitzt. Es hat also nur eine geringe Kenntnis über dessen tatsächliche Merkmale. Das Arbeitgeberimage ist somit für die Bewerbung und Arbeitgeberwahl von entscheidender Bedeutung, da den Absolventen häufig keine Einzelheiten von Unterneh-

---

[63] Vgl. Freimuth,J./Elfers, C.: Imageprobleme und -vorteile von mittelständischen Unternehmen auf dem Arbeitsmarkt, in: Ackermann, K.-F./Blumenstock, H., (1993): Personalmanagement in mittelständischen Unternehmen, Stuttgart, S. 261 f.
[64] Vgl. Rastetter, D., (1996): Personalmarketing, Bewerberauswahl und Arbeitsplatzsuche, Stuttgart, S. 114.

men und Tätigkeit zugänglich sind. Daher bleibt als Entscheidungs- oder Auswahlkriterium häufig nur die relativ allgemeine Wahrnehmung.[65] Aus diesem Grund ist es besonders wichtig, dass das Arbeitgeberimage mit den tatsächlichen Merkmalen des Unternehmens übereinstimmt. Wird der Bewerber in seinen Erwartungen enttäuscht, ist nicht nur eine sinkende Leistungsbereitschaft, sondern auch ein Ausscheiden aus dem Unternehmen bzw. ein Rückzug seiner Bewerbung zu befürchten. Die folgenden Abbildungen sollen einen Überblick über die Funktionen des Arbeitgeberimage sowohl aus Sicht des potentiellen Mitarbeiters als auch aus Sicht des Unternehmens vermitteln.

Abbildung 17: Funktionen des Arbeitgeberimage aus Sicht des potentiellen Mitarbeiters

Funktion	Beschreibung
Vereinfachungsfunktion	Vereinfachung vielfältiger Informationen über das Beurteilungsobjekt
Ordnungsfunktion	Einordnen von Informationen in bereits bestehende Vorstellungsgefüge
Entscheidungsfunktion	Erleichterung der Entscheidung über die adäquate Form des Handelns gegenüber dem Beurteilungsprojekt
Stabilisierungs- und Verfestigungsfunktion	Entlastung von einer häufig wiederkehrenden Alternativbeurteilung und Entscheidungsfindung in Bezug auf das Beurteilungsobjekt sowie in Bezug auf Alternativen
Risikominderungsfunktion	Sofern mit einer Entscheidung für oder gegen ein Objekt ein Risiko verbunden ist, kann ein vorhandenes Image dem Entscheider das Gefühl der Sicherheit oder Risikominimierung verleihen.
Urteils- und Wahrnehmungsfunktion	Filtern von Informationen über das Beurteilungsobjekt: Wenn ein Image ausgebildet ist, werden mit dem Image übereinstimmende Faktoren wahrgenommen. Dagegen werden widersprüchliche Informationen in der Regel herausgefiltert

Quelle: Henseler, R., (1997): Image und Imagepolitik im Facheinzelhandel, Frankfurt (Main), S. 9 f.

Abbildung 18: Funktionen des Arbeitgeberimage aus Sicht der Unternehmen

Funktion	Beschreibung
Wissensfunktion	Erfassen und Erklären von Bewerberverhalten
Prognosefunktion	Vorhersagen der Wirkung der Gestaltung von Instrumenten
Risikominderungsfunktion	Einengen des Entscheidungsspielraums bei der Wahl und Gestaltung von Instrumenten
Personalführungsfunktion	Formulieren und Bereitstellen von Argumentationshilfen für die mit der Personalbeschaffung betrauten Mitarbeiter
Marktsegmentierungsfunktion	Vereinheitlichen der Bewerber und Mitarbeiterstruktur als Basis für eine zielgruppenorientierte Marktbearbeitung
Individualisierungsfunktion- und Differenzierungsfunktion	Abheben von anderen Unternehmen in der Wahrnehmung durch den Bewerber oder Mitarbeiter
Bindungsfunktion	Binden von Mitarbeitern an das Unternehmen durch ein Arbeitgeberimage, sofern dies akzeptiert wird
Sicherungsfunktion	Langfristiges Sichern der Marktstellung

Quelle: Henseler, R., (1997): Image und Imagepolitik im Facheinzelhandel, Frankfurt (Main), S. 9 f.

---

[65] Vgl. Simon, H. et al., (1995): Effektives Personalmarketing, Wiesbaden, S. 103 ff.

3.4.2.2 Entstehung der Einstellung zum potentiellen Arbeitgeber

Die Einstellung zum Arbeitgeber kann auf keinen Fall fix betrachtet werden. Im Laufe des Bewerbungsprozesses kommen ständig neue Informationen und Erfahrungen für den Bewerber hinzu. Diese können die Einstellung sowohl positiv als auch negativ beeinflussen. Daher ist es sinnvoll zwei Ausprägungen der Einstellung genauer zu definieren.

1. Attraktivität

Hier geht es um die Einstellung des Absolventen in den frühen Phasen des Bewerbungsprozesses. Diese bestimmt, ob ein Unternehmen überhaupt als potentieller Arbeitgeber gesehen wird und eine Bewerbung ernsthaft in Betracht gezogen wird. Trifft dies zu, sprechen wir von einer Attraktivität des Unternehmens, welche in engem Zusammenhang zu dem Bekanntheitsgrad steht.[66]

2. Präferenz

In der späteren Phase der Bewerbung hat der Schulabgänger bereits persönlichen Kontakt zum Unternehmen. Zusätzlich erfolgt eine zunehmend detailliertere Auseinandersetzung mit der Berufseinstiegsentscheidung. Dabei festigt sich ein Bild von dem jeweiligen Unternehmen. Da die Schulabgänger sich jedoch meist bei mehreren Unternehmen bewerben, ist es möglich, dass sie mehrere Angebote erhalten. Sie werden sich mit den Angeboten rational auseinandersetzen. Das Angebot, das ihren Wünschen und Vorstellungen am ehesten entspricht, werden sie annehmen. Die daraus entstandene persönliche Rangfolge der Ausbildungsplatzangebote wird Präferenz genannt.[67]

3.4.2.3 Arbeitgeberimage als Wettbewerbsfaktor

Der Wettbewerb um Schulabgänger als potentielle Bewerber erfolgt in der Regel auf regional begrenzten Märkten. Daher ist es von entscheidendem Vorteil, das Image eines qualifizierten Ausbildungsbetriebes und eines anspruchsvollen, aber sicheren Ausbilders zu besitzen. Ist das Image allerdings besser als die erlebte Realität, wird der Wettbewerbsvorteil schnell verspielt sein. Allerdings gibt es noch reichlich ungenutzte Potentiale zur Verbesserung der Wettbewerbsposition. Es sind insgesamt vier mögliche Beziehungen von Realität und Image denkbar.[68]

---

[66] Vgl. Simon, H. et al., (1995), a.a.O., S. 105.
[67] Vgl. Simon, H. et al., (1995), a.a.O., S. 105.
[68] Vgl. Strutz, H., (1993), a.a.O., S. 243.

Abbildung 19: Image als Wettbewerbsfaktor

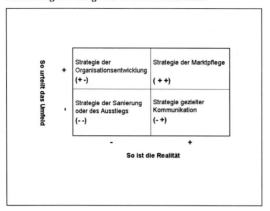

Quelle: Strutz, H., (1993): Handbuch Personalmarketing, Wiesbaden, S. 243.

Im ungünstigsten Fall (- -) ist nicht nur das Image des Unternehmens schlecht, sondern auch die Qualität der Ausbildung. Es kann nur noch eine Sanierungsstrategie helfen, um auf dem Bewerbermarkt erfolgreich zu sein. Der Ausstieg als Ausbildungsbetrieb ist aber meist unabwendbar. In der günstigsten Situation (+ +) hat das Unternehmen einen Vorteil im Wettbewerb um die potentiellen Bewerber. Das Unternehmen hat eine gute kommunikative Präsenz bei der Zielgruppe und sollte keine Probleme haben, seine Ausbildungsplätze adäquat zu besetzen. Schwieriger wird es schon, wenn das Image die Unternehmensrealität übersteigt (+ -). Die Vorteile auf dem Bewerbermarkt sind nur von kurzer Dauer, da sich die Diskrepanz schnell herumsprechen wird. Zudem ist mit einer hohen Fluktuationsrate zu rechnen. Hier kann nur noch eine gezielte Organisationsentwicklung Abhilfe schaffen.[69] Interessant ist der Fall, wenn das Image des Unternehmens und seiner Ausbildung schlechter ist als die objektive Wirklichkeit. Es sind erhebliche und gezielte kommunikative Anstrengungen nötig, um diesen Eindruck wieder ins rechte Licht zu rücken. Die Instrumente, mit denen diese Kommunikation umgesetzt werden kann, werden in Kapitel 3.5 vorgestellt.

3.4.2.4 Fazit

Auf den ersten Blick erscheinen Personalimagekampagnen unter dem Aspekt wahrheitsgetreuer Aussagen wenig förderlich. Doch nicht nur kurzfristig, sondern auch mittel- und langfristig kann sowohl ein positives als auch negatives Personalimage Auswirkungen auf den Bewerbermarkt erzeugen. Unternehmen, die ein besonders gutes Arbeitgeberimage vorzuweisen haben, bekommen nicht nur viele Bewerbungen auf offene Stellen, sondern zudem auch eine große Anzahl von so genannten Initiativbewerbungen. Infolgedessen kann das Unternehmen einen Kandidatenpool für künftige Vakanzen aufbauen.

---

[69] Vgl. Strutz, H., (1993), a.a.O., S. 44.

Dieser wird somit ohne erneute Werbung und damit kostenlos generiert.[70] Abschließend folgen noch drei Grafiken, die einen Überblick über die Ergebnisse zu Faktoren der Berufswahl und Arbeitgeberattraktivität geben.

Abbildung 20: Attraktive Unternehmensgrößen

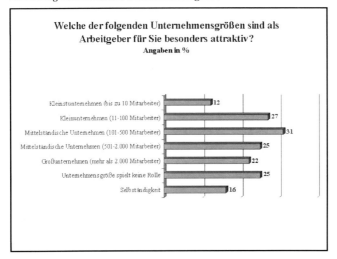

Quelle: DGFP e.V., (2004): Was Arbeitgeber attraktiv macht, Düsseldorf, S. 10.

Abbildung 21: Top 20 der attraktivsten Arbeitgeber

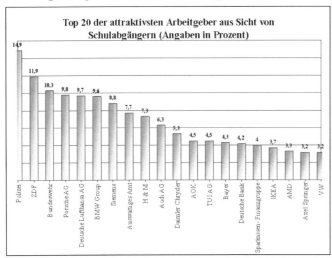

Quelle: Trendence, (2006): Das Schülerbarometer 2006, online, http://www.trendence.com/wissenswertes.html?&tx_ttnews[pS]=1136070000&tx_ttnews[pL]=31535999&tx_ttnews[arc]=1&tx_ttnews[tt_news]=68&tx_ttnews[backPid]=30&cHash=3e68cfabc7 (10.09.2007).

---

[70] Vgl. Mosters, M., (2007), a.a.O., S. 49 f.

Abbildung 22: Attraktivität eines Unternehmens

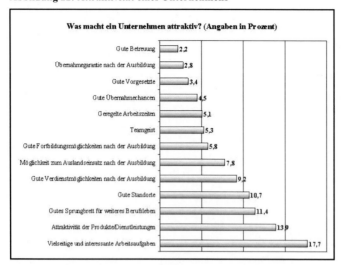

Quelle: Trendence, (2006): Das Schülerbarometer 2006, online,
http://www.trendence.com/wissenswertes.html?&tx_ttnews[pS]=1136070000&tx_ttnews[pL]=31535999&tx_ttnews[arc]=1&tx_ttnews[tt_news]=68&tx_ttnews[backPid]=30&cHash=3e68cfabc7 (10.09.2007).

3.5 Klassische Instrumente des Ausbildungsmarketing

Im „Wettbewerb um die Besten" nimmt die Bedeutung eines effektiven Ausbildungsmarketing zu. Das Motto lautet „Tue Gutes – und rede darüber". Dem Unternehmen bieten sich daher verschiedene Möglichkeiten, sich in das Bewusstsein der potentiellen Bewerber zu bringen.[71] Die praktischen Kommunikationsinstrumente sind vielfältig. Sie haben jedoch alle als primäres Ziel das Image des Unternehmens positiv zu verändern. Durch Marketingmaßnahmen im Rahmen der allgemeinen Öffentlichkeitsarbeit soll die Aufmerksamkeit auf positive Aspekte des Unternehmens als Arbeitgeber gerichtet werden.[72] Die Methoden der Personalakquisition beziehen sich auf die Art und Weise, wie sowohl intern als auch extern Personal beschafft werden kann. In dieser Arbeit wird jedoch nur auf die externe Akquisition eingegangen. Dazu erfolgt eine Unterteilung in direkte und indirekte Kommunikation. Die nun folgende Abbildung soll einen Überblick über Möglichkeiten der Akquisition im Ausbildungsmarketing geben. Es wird sich an den bekanntesten Instrumenten, die auch in der Literatur verwendet werden, orientiert. Somit erhebt die Aufzählung keinen Anspruch auf Vollständigkeit.

---

[71] Vgl. Tooren, Thorsten, (2007): Auswahl von Auszubildenden, S. 9, online, http://www.foraus.de/lernzentrum/lernmodule/19_auswahl_azubis/pdf/19_auswahl-azubis.pdf (11.09.2007).

[72] Vgl. Forschungsinstitut Betriebliche Bildung, (2007): Effizenz in der Ausbildung, Bielefeld, S. 24.

Abbildung 23: Instrumente des Ausbildungsmarketing

Direkte Kommunikation	Indirekte Kommunikation
- Kooperationen mit Schulen - Ausbildungsmessen - PR-Veranstaltungen (z.B. Tag der offenen Tür) - Betriebsbesichtigungen - Firmenkontaktmessen an Schulen - Durchführung von Unternehmensplanspielen - Vorträge und Lehraufträge durch Unternehmensangehörige - Schülerpraktika - Lehrerpraktika - Girls Day - Ferienjobs	- Anzeigenkampagnen - Stellenanzeigen - Unternehmenshomepage - Rundfunkwerbung - Plakate - Werbung auf Videowänden - Bewerberbroschüren - Artikel (redaktionelle Beiträge) in der Presse
Kommunikation mit Multiplikatoren	**Sonstige Maßnahmen**
- persönliche Werbung durch Auszubildende und Mitarbeiter - Informationsabende für Eltern - Kontakte zu Berufsberatern - Arbeitsamt / Berufsinformationszentrum	- Mitarbeit in Förderkreisen - Prämierung von wissenschaftlichen Wettbewerben - Spenden, Schenkungen, Sponsoring - Projekte für Schulen - soziales Engagement (Unterstützung von Wohltätigkeitsveranstaltungen der Schulen)

Quelle: eigene Darstellung in Anlehnung an: Knoblauch, R.: Personalakquisition, in: Bröckermann, R./Pepels, W. (Hrsg.), (2002): Personalmarketing, Stuttgart, S. 70.

3.5.1 Indirekte Kommunikation

Unter indirekter Kommunikation, auch Massenkommunikation genannt, versteht man eine unpersönliche Ansprache einer Zielgruppe mit Hilfe der Massenmedien wie z.B. Printmedien oder elektronischer Medien. Sie richtet sich an ein breites Zielpublikum. Der Rückkopplungskanal kann hier als Filter wirken und/oder die Rückkopplung verzögern oder stark einschränken. Eine Interaktion wird bei der indirekten Kommunikation meist ausgeschlossen.[73] Folgende Instrumente können hier u.a. genannt werden:

Zeitungsanzeigen: Sie sind das bevorzugte Instrument des Ausbildungsmarketing sämtlicher Unternehmen. In den Zeitungen werden regelmäßig Sonderbeilagen zur Berufswahl veröffentlicht. Dort inserieren auch die ausbildenden Unternehmen. Diese Anzeigen können mit zwei Intentionen in regionale oder überregionale, in fach- oder fachunabhängige Publikationen integriert werden. Zum einen wird mit der Anzeige auf vakante Stellen hingewiesen, zum anderen kann somit am Unternehmensbild in der Öffentlichkeit gearbeitet werden.[74] Wichtig ist, dass sie das einzigartige Profil des Unternehmens hervorhebt. Außerdem sollten das angebotene Berufsbild, die Anforderungen, die Leistungen des Unternehmens und die Art der Kontaktaufnahme hervorgehen.[75] Wesentlich ist auch, dass der Text eine klare Vorstellung über die vakante Position vermittelt. Das Stellenangebot sollte umfassend informieren und in allen Teilen ehrlich und offen sein. Die Größe der Anzeige sollte dem Gewicht der ausgeschriebenen Stelle entsprechen. Bei der For-

---

[73] Vgl. Poth, L./Poth, G., (2003): Gabler Kompakt-Lexikon Marketing, Wiesbaden, S. 316.
[74] Vgl. DGFP e.V. (Hrsg.), (2006), a.a.O., S. 71.
[75] Vgl. Kempe, H.-J./Huth, S., (1990): Personalbeschaffung – Schlüssel zum Erfolg, S. 36, in: Dietl, S./Speck, P., (2003), a.a.O., S. 41.

mulierung und Gestaltung von Anzeigen sollte im Allgemeinen auf die AIDA-Formel geachtet werden.

A ➔ Attention = Aufmerksamkeit erregen

I ➔ Interest = Interesse an der ausgeschriebenen Stelle erzeugen

D ➔ Desire = Den Wunsch wecken, sich zu bewerben

A ➔ Action = Aufforderung, eine Bewerbung zu schicken bzw. Kontakt aufzunehmen.

Bei der Auswahl des Mediums muss beachtet werden, dass die anzusprechende Zielgruppe auch zum Leserkreis gehört.[76] Da eine Anzeige in einer Zeitung mit einigen Kosten verbunden ist, kann das Unternehmen auch Anzeigen in Schüler- oder Abi-Zeitungen schalten. Diese liegen dort bei einer ganzen Seite zwischen 100 und 300 Euro. Es ist allerdings zu beachten, dass nicht immer eine Auswirkung für das laufende Jahr besteht.[77]

Rundfunkwerbung: Wird als Sammelbegriff für (wirtschaftliche) Werbung in Hörfunk und Fernsehen bezeichnet. In der jüngsten Vergangenheit hat sich das Medium des Rundfunks als unterstützende Maßnahme zur Stellenanzeige herauskristallisiert. Vorteilhaft dabei ist sicher, dass der Rundfunk, natürlich senderabhängig, als ein sehr jugendnahes Medium bekannt ist. An bestimmten Wochentagen und zu bestimmten, immer wiederkehrenden Zeiten werden suchende Unternehmen und deren freie Stellen präsentiert. Aber auch junge Leute, die auf der Suche nach einem Ausbildungsplatz sind, können über dieses Medium suchen. Insbesondere durch Kabel- und Satellitenfernsehen ist es möglich geworden in bestimmten Regionen eine gezielte Bewerberansprache durchzuführen.[78] Im deutschen Fernsehen dürfen nur Werbeblöcke mit Spots von 10, 15, 20 oder mehr Sekunden Länge ausgestrahlt werden. Das Angebot im Hörfunk ist wesentlich vielfältiger. Neben Werbeblöcken können auch in laufende Sendungen eingestreute Spots geschaltet werden. Außerdem können „Tandem-Spots" geschaltet werden, d.h., einem Hauptspot mit der zentralen Produktaussage wird innerhalb desselben Blocks oder auch in aufeinander folgenden Werbeblöcken ein kurzer „Teaser-Spot" vor- oder ein „Reminder-Spot" nachgestellt.[79] Die wohl bekanntesten Aktionen im Hörfunk sind die Lehrstellen-Aktion vom WDR2 und Eins Live sowie der Lehrstellentag von RPR1. Im Bereich Fernsehen ist wohl JobTV24 am bekanntesten.

Internet-Stellenmärkte: Werden auch als Jobbörsen bezeichnet und sind elektronische Marktplätze, die Stellensuchende und Stellenanbieter zusammenführen. Zurzeit gibt es bereits über 250 kommerzielle Jobbörsen im Internet. Die Akzeptanz nimmt immer weiter zu, je selbstverständlicher der Umgang mit dem Internet wird. Zunehmend werden

---

[76] Vgl. Knoblauch, R.: Personalakquisition, in: Bröckermann, R./Pepels, W., (2002), a.a.O., S. 63f.

[77] Vgl. Dietl, S./Speck, P., (2003), a.a.O., S. 41.

[78] Vgl. Knoblauch, R.: Personalakquisition, in: Bröckermann, R./Pepels, W., (2002), a.a.O., S. 67.

[79] Vgl. Rundunkwerbung, online,
http://www.ard.de/intern/finanzen/werbung/-/id=55272/1gbj7f7/index.html (19.09.2007).

auch Stellen für Auszubildende angeboten, da gerade diese Zielgruppe interneterfahren ist. Die Stellenangebote und -gesuche in Internet-Stellenmärkten haben formale Ähnlichkeiten mit den Anzeigen in Printmedien. Sie ermöglichen jedoch auch eine individuelle Gestaltung einer Anzeige. Die Kosten einer Anzeige bei einem Internet-Stellenmarkt sind im Vergleich zur Anzeige im Printmedium erheblich geringer.[80]

Unternehmenshomepage: Sie ist als Internetpräsenz für Unternehmen heute praktisch ein Muss, da der Fach- und Führungskräftenachwuchs das Internet permanent nutzt. Die Unternehmen nutzen die Unternehmenshomepage um sich als attraktiver Arbeitgeber darzustellen und um Mitarbeiter online zu rekrutieren. Durch einen professionellen Internetauftritt bekommt das Unternehmen nicht nur Vorteile in der Vermarktung seiner Produkte, sondern spricht auch potentielle Mitarbeiter an, da ein Ausdruck eines modernen Ausbildungsmarketing entsteht. Mit Hilfe der Unternehmenshomepage erreicht man eine größtmögliche, auch internationale Zielgruppe. Auf die Stellenangebote kann mit einem Link hingewiesen werden. Durch Betätigen dieses Links gelangt der Interessent dann auf eine Übersichtsseite mit sämtlichen Stellenangeboten des Unternehmens.[81] Zu beachten ist aber, dass der Aufbau einer Unternehmenshomepage unterschiedliche Kriterien erfüllen muss. „Sie muss ansprechend sein, sie muss Interaktion zulassen und sie sollte dynamische Elemente beinhalten. Das eigene Corporate Design sollte dabei allerdings erkennbar sein."[82]

Plakate/Flyer: Anzeigen können auch als Plakate an für Jugendliche interessanten Stellen aufgehängt werden. Dies können z.B. Straßenbahnen und Schulbusse sein. Die Zielgruppe hält sich dort für einen längeren Zeitraum auf und wird mit Sicherheit auf die Plakate aufmerksam. Nachteilig ist allerdings, dass sie meist sehr allgemein gehalten sind. Eine weitere Möglichkeit Schüler auf das Unternehmen aufmerksam zu machen, sind Flyer, die an den Haltestellen verteilt werden können. Dies ist eine besonders kostengünstige Möglichkeit. Die Flyer können von den momentanen Auszubildenden erstellt werden, da sie die Sprache ihrer Altersgenossen sprechen und wissen, welche Aspekte besonders werbewirksam sind. Es sollte jedoch sichergestellt sein, dass die Schüler der ausgewählten Haltestellen auch den Schulabschluss anstreben, der für die jeweiligen Ausbildungsberufe relevant ist.[83]

Anzeigen könnten auch auf den **Video-Walls** präsentiert werden, die sich in größeren Städten an zahlreichen U- und S-Bahn-Stationen bzw. an Bushaltestellen befinden. Dort können auch kurze Spots eingespielt werden. Es muss jedoch darauf geachtet werden,

---

[80] Vgl. Schreiber-Tennagels, S.: Internet Stellenmärkte, in: Bröckermann, R./Pepels, W., (2002), a.a.O., S. 73 ff.

[81] Vgl. Schreiber-Tennagels, S., a.a.O., in: Bröckermann, R./Pepels, W., (2002), a.a.O., S. 79 f.

[82] Dietl, S./Speck, P., (2003), a.a.O., S. 42.

[83] Vgl. Dietl, S./Speck, P., (2003), a.a.O., S. 42.

dass die Botschaft auch ohne Ton ankommt. Die Video-Walls sind meist so positioniert, dass sie von allen Seiten eingesehen werden können. Da sie meist um einiges größer sind als Glaskästen für Plakate, ziehen sie die Aufmerksamkeit auf sich.

Auch **Pressemitteilungen** können von den Unternehmen genutzt werden um sich der Öffentlichkeit zu präsentieren. Durch interessante Berichte, Interviews oder Bilder kann das Unternehmen auf sich aufmerksam machen. Pressemitteilungen in Tageszeitungen und Anzeigenblättern bieten die Möglichkeit im familiären Umfeld der Jugendlichen Aufmerksamkeit zu erregen. Es sollte jedoch darauf geachtet werden, dass die Texte sachliche und präzise Informationen enthalten. Außerdem sollte der Text interessant, kurz, leserlich und verständlich formuliert werden. Dieses Instrument verursacht zwar fast keine Kosten, eine Steuerung ist aber kaum oder nur sehr schwer möglich.[84]

Als weiteres Instrument kann auch die **Bewerberbroschüre** genutzt werden. In diesen Broschüren wird neben einer Kurzdarstellung des Unternehmens auch das Ausbildungsangebot knapp vorgestellt. Sie können vielseitig eingesetzt und verteilt werden, so z.B. bei Messen, in Arbeitsagenturen, Schulen oder bei Anfragen im Unternehmen durch Mitarbeiter und Unternehmensexterne.

3.5.2 Direkte Kommunikation

Die direkte Kommunikation wird auch als persönliche Kommunikation bezeichnet. Sie ist durch die Anwesenheit der Teilnehmer gekennzeichnet. Der Adressant übergibt seine Informationen unmittelbar an den Adressaten. Es existiert eine ständige Rückkopplung auf mehreren Ebenen. Sofortige Antwort, Unterbrechung oder Nachfrage sind möglich, ebenso Rückschlüsse durch visuellen Kontakt – durch Gestik, Mimik oder Haltung des Gegenübers.[85] Dabei sind folgende Maßnahmen denkbar:

Ausbildungsmessen: Hier können sich Unternehmen und potentielle Bewerber gegenseitig vorstellen. Die Unternehmen möchten mit den Ausbildungsplatzbewerbern in Kontakt treten. Die Jugendlichen ihrerseits sollen sich bei den Unternehmen bewerben, nachdem sie Informationen über das Unternehmen und die angebotenen Berufe eingeholt haben. Unternehmen können sich an einer Vielzahl von regionalen und überregionalen Ausbildungsmessen beteiligen. Da ein Unternehmen nicht an allen teilnehmen kann, muss es sich anhand von Kriterien für die Teilnahme oder Nichtteilnahme entscheiden. Folgende Kriterien können u.a. als Entscheidungshilfe herangezogen werden: Ziel-

---

[84] Vgl. Bildungszentrum der Wirtschaft im Unterwesergebiet e.V., (2007): Ausbildungsmarketing. Ein Leitfaden für die erfolgreiche und chancengerechte Einwerbung und Auswahl von Auszubildenden, online,
http://www.blickpunkt-ausbildung.de/images/stories/ausbildungsmarketing.pdf (27.09.2007), S. 21 ff.

[85] Vgl. o.V.: Direkte und indirekte Kommunikation, online,
http://www.student-online.net/Publikationen/318 (12.09.2007).

gruppenvertretung, Außenwirkung, kapazitätstechnische Darstellung und der Kostenfaktor. Es sollten immer nur die Messen besucht werden, wo die Klientel der relevanten Zielgruppe für die Ausbildungsberufe entspricht. Es gibt auch die Möglichkeit an sogenannten „schulischen" Messen teilzunehmen. Diese werden oft von Berufskollegs in Verbindung mit ortsansässigen Unternehmen angeboten. Der Nachteil einer solchen Messe besteht oft darin, dass ein Zwang, gerichtet an die Abschlussklassen, diese Messe für eine gewisse Zeitdauer zu besuchen, besteht. Dies hat zur Folge, dass meist kein wirkliches Interesse besteht und es zu einer mangelnden Bereitschaft kommt mit den ausstellenden Unternehmen in Kontakt zu treten. Somit wird das Ziel, die Messe als Chance zur Berufsfindung anzusehen, verfehlt. Damit solche Probleme vermieden werden können, sollten für Messen grundsätzlich solche Tage und Uhrzeiten ausgewählt werden, wo die Jugendlichen in Begleitung der Eltern die Messe besuchen können. Der Gruppendruck würde damit wegfallen und die Eltern können für eine adäquate Beteiligung der Jugendlichen sorgen.[86] Neben Mitarbeitern des Personalbereichs bzw. des Ausbildungsmarketing hat sich die Präsenz von Ausbildern und Auszubildenden am Messestand bewährt. Diese können Informationen aus erster Hand vermitteln und für die Schüler ist es interessanter und überzeugender mit Gleichaltrigen ins Gespräch zu kommen. Für solche Ausbildungsmessen können auch diverse Events genutzt werden, wo auf einer Ausbildungsmeile Unternehmen ausstellen. Ein bekanntes Beispiel ist die Ausbildungsmeile, die jährlich im Vorfeld des Rheinland-Pfalz Open Airs in Mainz stattfindet.

Tag der offenen Tür / Betriebsbesichtigung: Zahlreiche Unternehmen veranstalten jährlich einen Tag der offenen Tür. Dabei handelt es sich meist um eine PR-Aktion, die eine begrenzte Wirkung im Sinne einer positiven Öffentlichkeitsarbeit haben soll. Ausbilder können ihr Unternehmen vorstellen und die Attraktivität ihrer Ausbildungsberufe hervorheben. Dies kann auch in Verbindung mit einer Betriebsbesichtigung erfolgen. Unternehmensangehörige führen die Besucher durch den Betrieb und geben Einblicke in die verschiedenen Bereiche. Dadurch bekommen die Jugendlichen einen ersten Eindruck von der Arbeitsatmosphäre und können konkrete berufliche Tätigkeiten beobachten. In Gesprächen können sie auch die Namen von Verantwortlichen erfahren, die z.B. für die Ausbildung zuständig sind. Ebenso können sie Fragen stellen und bekommen diese von den momentanen Auszubildenden kompetent beantwortet.[87] Durch den hohen Individualisierungsgrad dürften mit Direktkommunikation eine höhere Aufmerksamkeits- und

---

[86] Vgl. Mosters, M., (2007), a.a.O., S. 75 f.
[87] Vgl. Wollersheim, B., (2006): Ausbildungsmarketing für Bewerber, online, http://www.berufswahlnavigator.de/navigation/Fachjournal/Ausbildungsmarketing.htm (13.11.2007).

Lernwirkung erzielt und komplexere Informationen vermittelt werden.[88] Betriebsbesichtigungen können außer am Tag der offenen Tür auch noch an anderen Tagen angeboten werden. So können Schulklassen auch Besichtigungen im Rahmen von Projekten oder bestimmten Fächern durchführen.

Schülerpraktika: An vielen Schulen werden heute schon Praktika im Rahmen der schulischen Ausbildung vorgeschrieben. An Haupt- und Realschulen dienen sie zur Berufsorientierung. An höheren Berufsfachschulen sind sie Bestandteil im zweiten Jahr und werden benötigt um zur Abschlussprüfung zugelassen zu werden. Die Praktikumsdauer beträgt meist zwischen zwei und vier Wochen. Es gibt aber auch zahlreiche Schüler, die in den Ferien freiwillig ein Praktikum absolvieren möchten. Durch ein solches Schülerpraktikum bekommen die Jugendlichen die Möglichkeit die betrieblichen Abläufe und beruflichen Tätigkeiten mitzuerleben. Sie können sich mit Auszubildenden austauschen und so etwas über die Ausbildungsbedingungen erfahren. Im Übrigen bietet sich ihnen auch die Gelegenheit eine Visitenkarte im Unternehmen zu hinterlassen. Durch Interesse, Aufmerksamkeit, Freundlichkeit und Einsatzbereitschaft können sie einen positiven Eindruck auf das Unternehmen erzielen.[89] So bekommen die Unternehmen die Gelegenheit, schon vorab einmal einen Eindruck von potentiellen Bewerbern zu bekommen. Sie können ein Relationship-Management aufbauen, um mit der Zielgruppe in Verbindung zu bleiben. Es sollten jedoch nur diejenigen einbezogen werden, die während des Praktikums gute Leistungen erbracht haben und mit denen das Unternehmen in Kontakt bleiben möchte.[90]

Informationsabende von Unternehmen: Gemeinsam mit weiteren Ausbildungsbetrieben aus der Region wird ein Vortragsabend mit anschließendem Dialog zwischen Besuchern und Ausbildern/Auszubildenden organisiert. Es können Fragen rund um die Berufsausbildung beantwortet werden. Gleichzeitig kann das Unternehmen indirekt Werbung für sich machen. Auch für die Lehrer sind solche Infoabende von Bedeutung. Sie bekommen Informationen über den optimalen Aufbau einer Bewerbung und können dies im Unterricht vermitteln. Ebenfalls können Vorstellungsgespräche simuliert und Checklisten für die Bewerber verteilt werden. So bekommen alle Teilnehmer einen ersten Eindruck vom Unternehmen.[91] Der Vorteil dieses Instrumentes besteht darin, dass auf Grund des späten Zeitpunkts der Veranstaltung nur diejenigen an der Veranstaltung teilnehmen, die wirklich Interesse haben.

---

[88] Vgl. Beba, W., (2003): Die Wirkung von Direktkommunikation unter Berücksichtigung der interpersonellen Kommunikation, Berlin, S. 87.
[89] Vgl. Wollersheim, B., (2006): Ausbildungsmarketing für Bewerber, online, http://www.berufswahlnavigator.de/navigation/Fachjournal/Ausbildungsmarketing.htm (13.11.2007).
[90] Vgl. Mosters, M., (2007), a.a.O., S. 80.
[91] Vgl. Dietl, S./Speck, P., (2003), a.a.O., S. 42 f.

Auch **Schulpatenschaften** sind ein erfolgversprechendes Instrument im Ausbildungsmarketing. Sie sichern den Unternehmen einen langfristigen und strukturierten Zugang zu Schulen und bieten die Möglichkeit die Ausbildungsplätze mit interessierten Schülern dieser Schulen zu besetzen. Auch das Meinungsbild über das Unternehmen wird sich in der Öffentlichkeit deutlich verbessern. Unternehmen zeigen damit, dass sie gesellschaftspolitische Verantwortung tragen und sich für die Zukunft der Jugend engagieren. Durch eine solche Kooperation werden auch die Kenntnisse wirtschaftlicher Fakten und Zusammenhänge der Schüler gefördert. Sie lernen Unternehmen und ihre Geschäftsfelder kennen.[92]

Es gibt noch eine ganze Reihe mehr an Kommunikationsinstrumenten. Hier wurden nur die verbreitetsten aufgeführt.

3.5.3 Bevorzugte Aktivitäten des Ausbildungsmarketing

Jedes Unternehmen muss für sich selbst entscheiden, welches Kommunikationsinstrument es für sein Ausbildungsmarketing nutzt und was es damit erreichen möchte. In den vorhergehenden Punkten wurde ein Überblick über verschiedene Instrumente gegeben. Fraglich ist jedoch, ob die Instrumente als gut empfunden werden. Abschließend folgt eine Übersicht über die Instrumente, die von den Schülern bevorzugt werden, und über diejenigen, die von den Unternehmen im Ausbildungsmarketing am häufigsten verwendet werden.

Abbildung 24: Bevorzugte Instrumente des Ausbildungsmarketing von Schülern

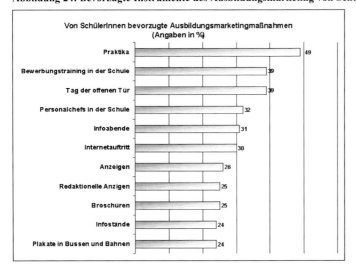

Quelle: Unternehmen Schule, (2007): Gute Auszubildende gesucht, online, http://www.portal-schule-wirtschaft.de/einblicke/meldungen/pdf/Ausbildungsmarketing.pdf (27.08.2007).

---

[92] Vgl. Bildungszentrum der Wirtschaft im Unterwesergebiet e.V., (2007), a.a.O., online, http://www.blickpunkt-ausbildung.de/images/stories/ausbildungsmarketing.pdf (27.09.2007), S. 26 ff.

Abbildung 25: Bevorzugte Instrumente des Ausbildungsmarketing von Unternehmen

Quelle: eigene Darstellung in Anlehnung an: DGFP e.V. (Hrsg.), (2004): Personalmarketing – ein unterschätzter Erfolgsfaktor, S. 23 f.

4. Employability

Der Begriff „Employability" macht seit einigen Jahren internationale Karriere. Er taucht immer häufiger in der Literatur auf. Die Wirtschaft findet sich zu Beginn des 21. Jahrhunderts in einem fundamentalen Wandel. Entscheidend für die zukünftige Wettbewerbsfähigkeit von Unternehmen ist der Umgang mit diesen strukturellen Wandlungsprozessen. Nur durch Anpassungsfähigkeit und Schnelligkeit bei gleichzeitig hoher Innovationsfähigkeit wird das Unternehmen erfolgreich sein. Dabei ist die Qualifikation die wesentliche Voraussetzung für die Innovation. Employability ist hier ein Ansatz um die notwendige Dynamisierung des Arbeitsmarktes zu erreichen und eine für Unternehmen erforderliche flexible Struktur in der Belegschaft zu erreichen. Mitarbeiter und Unternehmen werden dabei gleichermaßen in die Verantwortung genommen. Die Mitarbeiter müssen bereit sein, ihr Qualifikationsprofil ständig zu erweitern. Nur so können sie die Herausforderungen in wirtschaftlicher, technologischer und gesellschaftlicher Sicht bewältigen. Die Unternehmen müssen ihrerseits die Weiterbildung der Mitarbeiter unterstützen und die Erfolgsmöglichkeiten fördern. Employability hat auch gesellschaftspolitische Relevanz. Die Probleme am Arbeitsmarkt, insbesondere die Situation der Jugendlichen, können nur durch eine größere Durchlässigkeit und Flexibilisierung der Arbeitsgesellschaft behoben werden.[93] Der Öffentlichkeit oft unbewusst ist der hohe Anteil an Jugendlichen, die eine neue bzw. überhaupt eine Arbeits- oder Ausbildungsstelle suchen. 2004 waren ca. 120.000 Jugendliche unter 20 Jahren arbeitslos gemeldet. Die schlechte wirtschaftli-

---

[93] Vgl. Speck, P. (Hrsg.), (2005): Employability – Herausforderung für die strategische Personalentwicklung, Wiesbaden, S. V.

che Situation gilt zwar als der Hauptgrund, es stellt sich jedoch die Frage, ob nicht weitere Faktoren ebenfalls eine Rolle spielen. Auch das in die Kritik geratene deutsche Bildungssystem könnte dazu beitragen, dass die Schulabgänger nicht den Anforderungen entsprechen und somit nicht beschäftigungsfähig sind.[94]

4.1 Ausgangslage

„Die Arbeitswelt befindet sich im Umbruch. Technologische, ökonomische, gesellschaftliche und demografische Entwicklungen nehmen gleichermaßen Einfluss und führen zu weitreichenden Veränderungen."[95] Dass die Arbeit heute anders funktioniert als vor 20 Jahren, dazu hat die Technologie in erheblichem Maße beigetragen. Dies betrifft vor allem Entwicklungen in der Informations- und Kommunikationstechnik. Es lassen sich drei große Entwicklungslinien erkennen: Die Geräte sind anspruchsvoller und kurzlebiger geworden. Durch Virtualisierung von Produkten und Dienstleistungen haben sich völlig andere Wertschöpfungsprozesse entwickelt. Technologische Entwicklungen durchdringen alle Lebens- und Arbeitsbereiche. Prozesse werden beschleunigt und Abläufe und Strukturen verkürzt.[96]

Betrachtet man die Arbeitswelt von der ökonomischen Seite, wird sie durch zwei Trends beeinflusst:

1. Globalisierung
2. Entwicklung zur Wissensgesellschaft

Durch die Globalisierung haben sich die wirtschaftlichen Rahmenbedingungen verändert. Denn Globalisierung hat viele Gesichter. Eines davon ist die uneingeschränkte Mobilität von Märkten, Produzenten und Konsumenten. Das heißt, jedes Produkt ist für jedermann jederzeit an jedem Platz der Welt verfügbar. Obwohl die Produkte noch eine regionalspezifische Ausprägung besitzen, werden sie transnational hergestellt, vertrieben und eingesetzt. Dafür sind Flexibilität und Mobilität erforderlich. Dies führt zur Anpassungsfähigkeit an immer neue komplexe Arbeits- und Lernfelder.[97] Im Bedeutungszuwachs von Wissen sowie in seiner Vermehrung bei gleichzeitiger Kurzlebigkeit zeigt sich die Entwicklung zur Wissensgesellschaft. In der heutigen Zeit erfolgt eine Verdoppelung des Volumens der Informationsmedien alle 5 Jahre. In den nächsten 10 Jahren wird sich das Wissen in der Hälfte der Zeit verdoppeln, bei gleichzeitiger Senkung der Halbwertszeit

---

[94] Vgl. Groh, S./Rump, J.: Employability und Schulen: Mit kleinen Schritten zum großen Ziel, in: Rump, J./Sattelberger, T./Fischer, H. (Hrsg.), (2006): Employability Management, Wiesbaden, S. 95.

[95] Rump, J./Eilers, S.: Managing Employability, in: Rump, J./Sattelberger, T./Fischer, H. (Hrsg.), (2006), a.a.O., S. 14.

[96] Vgl. Rump, J./Eilers, S., a.a.O., in: Rump, J./Sattelberger, T./Fischer, H. (Hrsg.), (2006), a.a.O., S. 14; **vgl. auch** Kres, M., (2007): Integriertes Employability Management, Bern, S. 21.

[97] Vgl. Ernst, H. et al., (2003): Lebenswelt 2030, Köln, S. 32, 43 f., zit. bei: Rump, J./Eilers, S., a.a.O., in: Rump, J./Sattelberger, T./Fischer, H. (Hrsg.), (2006), a.a.O., S. 14.

des Wissens. Durch die fortschreitende Globalisierung der Wirtschaft und Wissenschaft kommt es zu einer Globalisierung des Wissens. Mittlerweile verteilen sich die Zentren der Wissensgenerierung und des Fortschritts über die ganze Welt. Um in diesem Umfeld wettbewerbsfähig zu bleiben, müssen Unternehmen neuartige und hochwertige Produkte anbieten, die sich von der Konkurrenz unterscheiden. Da der Lebenszyklus von Produkten immer kürzer wird, muss dafür gesorgt werden, dass sich die Investitionen in Forschung und Entwicklung, Produktion sowie Marketing schneller amortisieren können. Ein solcher Wertschöpfungsprozess erfordert ein hohes Maß an Wissen. Heute resultieren schon 80% der Produktionszuwächse aus dem Einsatz von Wissen. In den nächsten 10 Jahren wird mit einem Anstieg auf 90% gerechnet. Hier spielt zum einen die Bedeutung von Spezialkenntnissen eine Rolle, aber auch die Fähigkeit Aufgaben ganzheitlich zu lösen wird immer wichtiger.[98] Neben der Technologie und der Ökonomie haben auch die gesellschaftlichen Werte eine bedeutende Rolle. Hier lassen sich drei Trends erkennen: ein vermehrter Sinnbezug, zunehmender Hedonismus, Entstandardisierung familiärer und beruflicher Lebensläufe. Die Mitarbeiter aus der Nachkriegsgeneration (bis 1955 geboren) und der Babyboomer-Generation (zwischen 1955 und 1965 geboren) weist eine hohe Leistungsorientierung, einen hohen Berufsbezug und die Suche nach Beständigkeit auf. Dies ist bei den meisten Mitarbeitern der jüngeren Generation nicht mehr zu erkennen.[99] Sie bewegen sich in Spannungsfeldern wie z.B. Lebensgenuss versus Leistungsgenuss, Familie versus Beruf, Flexibilität versus Suche nach Beständigkeit. Viele Mitarbeiter versuchen Lebensgenuss und Leistungsgenuss miteinander zu kombinieren. Auf der einen Seite suchen sie nach herausfordernden Tätigkeiten und Entwicklungschancen, auf der anderen Seite spielt Spaß an der Arbeit eine größere Rolle, ebenso die Mitwirkung an Gestaltungs- und Entscheidungsprozessen. Auch die Balance von Familie und Arbeit ist ein Ziel von Arbeitnehmern. Arbeit wird nicht als einziger Lebensinhalt angesehen. Das Privat- und Berufsleben vermischt sich. Frauen zeigen auf Grund eines veränderten Rollenverständnisses, eines steigenden Qualifizierungsniveaus und hoher Lebenshaltungskosten eine zunehmende Berufsorientierung. Bei Männern ist hingegen eine steigende Familienorientierung zu beobachten.[100] Nicht zu vernachlässigen ist auch die individualistische Orientierung der Menschen. Die Berücksichtigung des eigenen Vorteils und die Maximierung des eigenen Nutzens wirken sich auf die Ziele eines Arbeitgebers aus. Die Orientierung an gemeinsamen Zielen gewinnt jedoch an Bedeutung. Aufgabenstellungen,

---

[98] Vgl. Rump, J./Eilers, S., a.a.O., in: Rump, J./Sattelberger, T./Fischer, H. (Hrsg.), (2006), a.a.O., S. 14 f.

[99] Vgl. Rump, J./Eilers, S., a.a.O., in: Rump, J./Sattelberger, T./Fischer, H. (Hrsg.), (2006), a.a.O., S. 15.

[100] Vgl. Wunderer, R./Dick, P., (2002): Personalmanagement – Quo vadis?, Neuwied, S. 33 ff., zit. bei: Kres, M., (2007), a.a.O., S. 24.

die immer komplexer werden, können nicht mehr alleine bewältigt werden. Durch die Orientierung an gemeinsamen Zielen, werden die Leistungsorientierung und die Optimierung des eigenen Nutzens gefördert.[101] Somit ist der Wertewandel eine Reaktion auf veränderte Rahmenbedingungen. Abnehmende Arbeitsplatzsicherheit und Schnelllebigkeit der Märkte führen dazu, dass die Fokussierung auf die eigene Person und die Definition von Wissen und Kompetenz als Vermögenswert stärker in den Vordergrund rücken.[102] Auch die demografische Entwicklung spielt hier eine entscheidende Rolle. Die Nachwuchskräfte werden knapper und die Belegschaften immer älter. 1996 waren die 25- bis 35-Jährigen die personalstärkste Altersgruppe der sozialversicherungspflichtigen Beschäftigten. 2002 waren es schon die 35- bis 44-Jährigen. 2030 werden es die 45- bis 50-Jährigen sein.[103] Auch die Erhöhung des Renteneintrittsalters sowie die Entwicklung sozialer Sicherungssysteme führen zu einer Verlängerung der Erwerbsphase. Somit wird lebenslanges Lernen immer wichtiger. Abschließend lässt sich sagen, dass durch technologische, ökonomische, gesellschaftliche und demografische Entwicklungen Unternehmen und deren Mitarbeiter mit einer stark ansteigenden Veränderungsgeschwindigkeit und Unsicherheit sowie zunehmender Komplexität konfrontiert werden.[104]

4.2 Begriffsdefinition

Wie bereits in Punkt 4 erwähnt, taucht der Begriff Employability immer häufiger in der Literatur auf. Doch was bedeutet Employability eigentlich genau? Wörtlich übersetzt bedeutet Employability so viel wie Beschäftigungsfähigkeit. Synonym werden auch die Begriffe Arbeitsmarktfähigkeit und Arbeitsmarktfitness gebraucht. Der Begriff umfasst somit Merkmale, die den Einzelnen tauglich oder nicht tauglich für eine Beschäftigung sein lassen. Er ist aber nicht neu. Schon während des 20. Jahrhunderts wurden verschiedene Definitionen entwickelt. Diese bezogen sich zunächst auf körperliche und sozioökonomische Merkmale des Einzelnen. Im nächsten Schritt wurde erst der Bezug zum Arbeitsmarkt erkannt. Dabei stand der Arbeitslose im Mittelpunkt. Erst in den 90er Jahren wurde diese Fokussierung aufgegeben. Ab diesem Zeitpunkt war das Ziel die Sicherung

---

[101] Vgl. Wunderer, R./Dick, P., (2002), a.a.O., S. 30, zit. bei: Rump, J./Eilers, S., a.a.O., in: Rump, J./Sattelberger, T./Fischer, H. (Hrsg.), (2006), a.a.O., S. 16.

[102] Vgl. Rump, J./Eilers, S., a.a.O., in: Rump, J./Sattelberger, T./Fischer, H. (Hrsg.), (2006), a.a.O., S. 16.

[103] Vgl. Barth, H.-J., (2004): Die „Allianz für die Familie" im Kontext volkswirtschaftlicher und demografischer Trends, S. 27-28, zit. bei: Rump, J./Eilers, S., a.a.O., in: Rump, J./Sattelberger, T./Fischer, H. (Hrsg.), (2006), a.a.O., S. 16.

[104] Vgl. Rump, J./Eilers, S., a.a.O., in: Rump, J./Sattelberger, T./Fischer, H. (Hrsg.), (2006), a.a.O., S. 17.

der Beschäftigungsfähigkeit jedes Einzelnen.[105] Somit lässt sich Employability folgendermaßen definieren: „Beschäftigungsfähigkeit beschreibt die Fähigkeit einer Person, auf der Grundlage ihrer fachlichen und Handlungskompetenzen, Wertschöpfungs- und Leistungsfähigkeit ihre Arbeitskraft anbieten zu können und damit in das Erwerbsleben einzutreten, ihre Arbeitsstelle zu halten oder, wenn nötig, sich eine neue Erwerbsbeschäftigung zu suchen."[106] Heute deckt Beschäftigungsfähigkeit zwei große Themenbereiche ab. Zum einen die Auswahlprozesse für Arbeitssuchende am Arbeitsmarkt, zum anderen unternehmensinterne Prozesse, die zur Nutzung von Humanressourcen dienen. Der Arbeitnehmer soll für unterschiedliche Arbeitsumfelder, Tätigkeitsbereiche und Organisationsformen „fit" sein. Als Bausteine der Beschäftigungsfähigkeit können folgende Faktoren bezeichnet werden: Erfahrung und Fähigkeiten, Bereitschaft zur Teilnahme an Maßnahmen zur Förderung der Employability, Eigenverantwortung und erworbene Kenntnisse. Die Förderung von Employability kann proaktiv, also während einer aktiven Beschäftigung im Unternehmen, oder auch reaktiv, d.h. zur Unterstützung in Zeiten von Arbeitslosigkeit, erfolgen. Abschließend lässt sich sagen, dass mit Employability drei Ansatzpunkte verbunden sind:[107]

- Employability aus individueller Sicht
- Employability auf betrieblicher Ebene
- Employability im gesellschaftlichen Kontext, aus bildungspolitischer sowie arbeitsmarktpolitischer Perspektive.

4.3 Bedeutung der Employability im Zeitalter von PISA

Die Unternehmen stehen beim Thema Nachwuchssicherung untereinander im Wettbewerb. Nach zielgruppenbezogenen Maßnahmen und unter Einhaltung spezifischer Restriktionen gilt es die besten Kandidaten für das Unternehmen zu gewinnen. Für die Unternehmen wird dies jedoch immer schwerer, weil viele der Jugendlichen nicht beschäftigungsfähig sind bzw. nur eingeschränkt den Anforderungen der Wirtschaft entsprechen. Einer der Hauptgründe dafür ist sicherlich das Defizit im deutschen Bildungssystem. Schaut man auf die Inhalte des Bildungssystems, stellt man fest, dass sich über Jahre eine Wirklichkeitsferne und Berufsferne im deutschen Bildungssystem etabliert hat. Zwei große Blöcke von Kompetenz, die ein Mensch braucht, fehlen unseren Jugendlichen. Das hat die PISA-Studie sehr deutlich gezeigt. Dies sind zum einen die Basiskompetenzen,

---

[105] Vgl. Weinert, P. et al. (Hrsg.), (2001): Beschäftigungsfähigkeit: Von der Theorie zur Praxis (Soziale Sicherheit, Bd.4), S. 23 ff., zit bei: Rump, J./Eilers, S., a.a.O., in: Rump, J./Sattelberger, T./Fischer, H. (Hrsg.), (2006), a.a.O., S. 19.
[106] Blancke, S./Roth, C./Schmid, J., (2000): Employability als Herausforderung für den Arbeitsmarkt, Stuttgart, S. 9, zit. bei: Rump, J./Eilers, S., a.a.O., in: Rump, J./Sattelberger, T./Fischer, H. (Hrsg.), (2006), a.a.O., S. 19.
[107] Vgl. Rump, J./Eilers, S., a.a.O., in: Rump, J./Sattelberger, T./Fischer, H. (Hrsg.), (2006), a.a.O., S. 19 f.; **vgl. auch** Kres, M., (2007), a.a.O., S. 31 ff.

zum anderen die Schlüsselqualifikationen. Unter Basiskompetenzen versteht man das Beherrschen der schriftlichen und mündlichen Verkehrssprache, mathematische Modellierungsfähigkeit, IT-Qualifikationen und die Qualifikation in mindestens einer Fremdsprache. Schlüsselqualifikationen betreffen die Fähigkeiten, die ein Mensch in seinem Leben benötigt, z.B. Kommunikationsfähigkeit.[108] Viele Schüler sehen Schule als notwendiges Übel an. Es wird meist nur von Stunde zu Stunde oder von Klassenarbeit zu Klassenarbeit gelernt. Im Anschluss daran wird das Erlernte vergessen. Für Jugendliche zählt nur der Notenerfolg. Was man von dem Erlernten im späteren Leben noch gebrauchen kann, machen sich viele nicht bewusst. Mit dieser Einstellung passen sie sich den Gegebenheiten des derzeitigen Schulsystems an.[109] Anhand der PISA-Studie wurde 2000 und 2003 die Bildungskompetenz von 15-jährigen Jugendlichen ermittelt. Ziel dieser Studie ist es, bedeutsame Kompetenzen in den Bereichen Lesekompetenz, Mathematik und Naturwissenschaften sowie zusätzlich ab 2003 die Kompetenz zur Problemlösefähigkeit länderübergreifend zu erheben. Dadurch soll herausgefunden werden, ob die Schüler den Herausforderungen des Arbeitsmarktes gewachsen sind.[110] Im Bereich Lesekompetenz belegt Deutschland einen Platz, der im Durchschnittsbereich aller teilnehmenden Länder liegt. Das Leseverständnis weist enorme Mängel auf. Es wurden fünf Kompetenzstufen mit steigenden Anforderungen geprüft. 23% der Schüler sind nicht in der Lage die Anforderungen von Stufe 2 zu erfüllen, nur ca. 10% sind auf der Kompetenzstufe 5. Alarmierend ist auch, dass 42% der Jugendlichen angeben nicht zum Vergnügen zu lesen. Auch im Bereich Mathematik liegt Deutschland im Durchschnittsbereich. Innerhalb der Bundesländer variieren die mathematischen Kompetenzen jedoch erheblich. Bayern führt das Feld mit 518 Punkten an. Schlusslicht ist Bremen mit 467 Punkten. Die Gruppe Jugendlicher, deren mathematische Fähigkeiten nicht über das Niveau des Rechnens in der Grundschule hinausgehen, ist in Deutschland so hoch wie in keinem anderen Land. Somit zählen 21,6% der 15-Jährigen zur Risikogruppe in diesem Kompetenzbereich. Im Bereich der Naturwissenschaften liegt Deutschland knapp über dem Durchschnitt. Auch hier ist die Streuung zwischen den einzelnen Bundesländern sehr hoch. Bayern kann mit 530 Punkten der Spitzengruppe zugeordnet werden. Bremen bildet mit 477 Punkten wieder das Schlusslicht. Oft haben Schüler Angst vor den naturwissenschaftlichen Fächern oder es fehlt ihnen schlichtweg das Interesse. Als weltweiter Standort im Chemiebereich kann sich Deutschland diese Schwächen aber nicht mehr länger leisten. Es muss versucht werden das Interesse der Schüler in diesem Bereich wieder zu wecken. Veraltete Versuchsge-

---

[108] Vgl. Walter, N.: Deutsche – immer weniger und immer älter: Was ist zu tun?, in: Speck, P. (Hrsg.), (2005), a.a.O., S. 11.
[109] Vgl. Groh, S./Rump, J.: Employability und Schulen: Mit kleinen Schritten zum großen Ziel, in: Rump, J./Sattelberger, T./Fischer, H. (Hrsg.), (2006), a.a.O., S. 97.
[110] Vgl. Mosters, M., (2007), a.a.O., S. 19.

räte und Materialien müssen gegen neue, zeitgemäße ausgetauscht werden. Des Weiteren sollen Schüler aktiv mit in die Versuche eingebunden werden, anstatt sie nur passiv zu betrachten. Im Bereich der Problemlösekompetenz schneiden die Schüler jedoch gut ab. Es handelt sich um eine wichtige Eigenschaft in der betrieblichen Praxis. Dabei müssen oft schnelle und unkomplizierte Lösungen für auftretende Problem- und Fragestellungen gefunden werden.[111] Auch in anderen Bereichen des Bildungssystems befinden sich noch zahlreiche Defizite. Lehr-/Lernmethoden sind nicht auf internationalem Niveau. Wesentlich ist auch die fehlende unternehmerische Orientierung unserer Schulen. Ein weiteres Problemfeld sind die zahlreichen juristischen Regelungen und der Professionalitätsmangel des Lehrpersonals. Auch das Zeitproblem ist ein bedeutender Faktor. Unsere Kinder werden systematisch zu spät eingeschult. Ebenso sind wir eines der wenigen Länder, die keine Ganztagsschulen anbieten. Die von den Bundesländern gestarteten Initiativen beschränken sich auf die Betreuung am Nachmittag. Dadurch wird die Unterrichtszeit jedoch nicht erweitert. Auch die Lernorte selbst befinden sich in Deutschland meist in einem jämmerlichen Zustand. Veraltete Ausstattungen und wenig einladende Gebäude erinnern an wilhelminische Zeiten. Um diese Probleme zu beheben, muss Deutschland nach vorne schauen und versuchen diese Situation zu verbessern. Allerdings sollte dies in den nächsten 5 bis 7 Jahren geschehen.[112] Abschließend lässt sich resümieren, dass das Fachwissen für das spätere Berufsleben eines jüngeren Menschen von enormer Wichtigkeit ist. Es kann somit als Fundament der Beschäftigungsfähigkeit angesehen werden. Nur wer über fachliche Qualifikationen verfügt, kann Schlüsselqualifikationen erlangen. Die Schule von heute sollte das Augenmerk nicht nur auf das Fachwissen, sondern auch auf überfachliche Qualifikationen richten.[113] Die moderne Schule von morgen muss ein Lern- und Lebensraum sein. Unter „Haus des Lernens" wird eine Zukunftsvision verstanden. Folgende Abbildung gibt einen Überblick über den Aufbau des „Haus des Lernens".

---

[111] Vgl. Mosters, M., (2007), a.a.O., S. 20 ff.; **vgl. auch** Groh, S./Rump, J.: Employability und Schulen: Mit kleinen Schritten zum großen Ziel, in: Rump, J./Sattelberger, T./Fischer, H. (Hrsg.), (2006), a.a.O., S. 98 ff.

[112] Vgl. Walter, N.: Deutsche – immer weniger und immer älter: Was ist zu tun?, in: Speck, P. (Hrsg.), (2005), a.a.O., S. 11 f.

[113] Vgl. Groh, S./Rump, J.: Employability und Schulen: Mit kleinen Schritten zum großen Ziel, in: Rump, J./Sattelberger, T./Fischer, H. (Hrsg.), (2006), a.a.O., S. 100.

Abbildung 26: Das neue Haus des Lernens

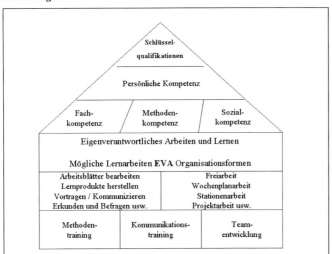

Quelle: Groh, S./Rump, J.: Employability und Schulen: Mit kleinen Schritten zum großen Ziel, in: Rump, J./Sattelberger, T./ Fischer, H. (Hrsg.), (2006): Employability Management, S. 117.

Würde es gelingen diese Aspekte zu berücksichtigen, wäre dies für die Beschäftigungsfähigkeit von enormem Vorteil.[114]

4.3.1 Anforderungen an Kompetenzen

„Employability ist die Fähigkeit, fachliche, soziale und methodische Kompetenzen unter sich wandelnden Rahmenbedingungen zielgerichtet und eigenverantwortlich anzupassen und einzusetzen, um eine Beschäftigung zu erlangen oder zu erhalten."[115] Es wird deutlich, dass Employability auch Einstellungen und Mentalitäten tangiert. Auffällig ist, dass vor allem die Begrifflichkeiten der sozialen und methodischen Kompetenzen bzw. Schlüsselqualifikationen erst einmal unspezifisch und wenig differenziert sind. Für das Agieren und Entwickeln ist eine Konkretisierung jedoch unbedingt erforderlich. In einer Auflistung werden im Folgenden die beschäftigungsrelevanten überfachlichen Kompetenzen dargestellt. Durch neuere empirische Untersuchungen wurde folgendes Anforderungsprofil in Bezug auf Employability identifiziert.[116] Demnach ist eine Person employable bzw. beschäftigungsfähig, wenn sie

---

[114] Vgl. Groh, S./Rump, J.: Employability und Schulen: Mit kleinen Schritten zum großen Ziel, in: Rump, J./Sattelberger, T./Fischer, H. (Hrsg.), (2006), a.a.O., S. 116 f.

[115] Rump, J./Eilers, S.: Managing Employability, in: Rump, J./Sattelberger, T./Fischer, H. (Hrsg.), (2006), a.a.O., S. 21.

[116] Vgl. Rump, J./Eilers, S.: Managing Employability, in: Rump, J./Sattelberger, T./Fischer, H. (Hrsg.), (2006), a.a.O., S. 21 f., 47 f.

• fachlich kompetent ist	Fachkompetenz
• aktiv ist und Initiative ergreift, Chancen erkennt und nutzt	Initiative
• Verantwortung für sich selbst und ihre Entwicklung übernimmt und sich Ziele setzt	Eigenverantwortung
• die Konsequenzen ihres Handelns erkennt	Unternehmerisches Denken und Handeln
• fleißig ist und sich engagiert	Engagement
• kontinuierlich dazu lernt und am Ball bleibt	Lernbereitschaft
• fähig und bereit zur Zusammenarbeit ist	Teamfähigkeit
• in der Lage ist, das, was sie meint und will, auszudrücken und zur Geltung zu bringen	Kommunikationsfähigkeit
• sich in andere hinein versetzt und zuhört	Empathie, Einfühlungsvermögen
• in ungewohnten bzw. belastenden Situationen einen klaren Kopf behält	Belastbarkeit
• konstruktiv mit schwierigen Situationen und Misserfolg umgeht	Konfliktfähigkeit, Frustrationstoleranz
• offen für Neues ist, neugierig ist	Offenheit, Veränderungsbereitschaft
• weiß, was sie kann und regelmäßig über sich und ihre Beschäftigungsfähigkeit nachdenkt	Reflexionsfähigkeit

Schnell stellt sich die Frage: „Wer verfügt über ein solches Profil?". Das Anforderungsprofil ruft auch oft Verwunderung hervor, da das Vorhandensein der überfachlichen Kompetenzen als selbstverständlich angesehen wird. Dies ist jedoch nicht selbstverständlich.

4.3.2 Aspekte der Beschäftigungsfähigkeit bei Ausbildungsplatzbewerbern

Für den Berufseinstieg gewappnet zu sein bedeutet mehr als ordentliche Schulnoten zu haben. Gefragt sind in besonderem Maße persönliche Kompetenzen wie Teamfähigkeit, Eigenverantwortung und Initiative. Sie gewinnen beim Bewerbungsverfahren und im späteren Berufsleben immer mehr an Bedeutung. In der folgenden Abbildung soll ein Einblick in die Aspekte der Beschäftigungsfähigkeit bei Ausbildungsplatzbewerbern gegeben werden.

Abbildung 27: Aspekte der Beschäftigungsfähigkeit

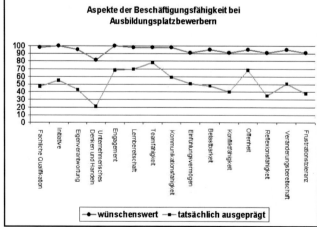

Quelle: eigene Darstellung in Anlehnung an: Jugend in eigener Sache, (2007): Fit in die berufliche Zukunft, online,
http://web.fh-ludwigshafen.de/ibe/index.nsf/de/schule (06.08.2007).

Zunächst wenden wir uns den fachlichen Qualifikationen zu. Sie werden grundsätzlich als sehr wichtig eingestuft. Dazu zählen die grundlegende Beherrschung der deutschen Sprache, die Beherrschung einfacher Rechentechniken, grundlegende naturwissenschaftliche Kenntnisse, Grundkenntnisse wirtschaftlicher Zusammenhänge, Grundkenntnisse in Englisch und im IT-Bereich sowie Kenntnisse und Verständnis über die Grundlagen unserer Kultur.[117] Die Ausprägung der fachlichen Qualifikation liegt zurzeit bei ca. 50% und somit um einiges unter dem gewünschten Prozentsatz aus der Wirtschaft. Um dieses Dilemma zu beheben, bedarf es noch einiger Anstrengungen im Bildungssystem. Sowohl Lehrer, Eltern, Wirtschaft und Politik als auch die Jugendlichen selbst müssen an einem Strang ziehen, damit in Zukunft ein Anstieg in diesem Bereich zu verzeichnen ist.

Die überfachlichen Qualifikationen, auch als Schlüsselqualifikationen bezeichnet, setzen sich aus folgenden Aspekten zusammen: Initiative, Eigenverantwortung, Unternehmerisches Denken und Handeln, Engagement, Lernbereitschaft, Teamfähigkeit, Kommunikationsfähigkeit, Einfühlungsvermögen, Belastbarkeit, Konfliktfähigkeit, Offenheit, Reflexionsfähigkeit, Veränderungsbereitschaft und Frustrationstoleranz. Diese können noch in die Bereiche soziale und persönliche Kompetenzen unterteilt werden. Dabei zeigen sich unterschiedliche Ausprägungsgrade. Eine große Abweichung zeigt sich zwischen gewünschter und tatsächlicher Ausprägung bei folgenden Aspekten: Eigenverantwortung, unternehmerisches Denken und Handeln, Belastbarkeit, Konfliktfähigkeit, Reflexionsfähigkeit und Frustrationstoleranz. Gründe dafür können u.a. das Bildungssystem, die Dominanz von Fachwissen in der Lern- und Lehrarchitektur und die Konsequenzen des Sozialversicherungssystems auf die Einstellungen und Werte sowohl in der Gesellschaft als auch beim Einzelnen (Vollkaskomentalität) sein. Nicht kompatibel mit der Vollkaskomentalität sind vor allem die Eigenverantwortung und das unternehmerische Denken und Handeln. Zur Konfliktfähigkeit kann gesagt werden, dass sie sich häufig nicht entwickeln kann. Dies ist besonders dann der Fall, wenn Konfliktvermeidung oberste Priorität ist und versucht wird, durch klare Regeln und durch die Organisation Konflikten auszuweichen. Die niedrige Fehlertoleranz und der damit verbundene Umgang mit Fehlern tragen zur geringen Ausprägung der Reflexionsfähigkeit bei. Sie werden nicht als Lernprozess aufgefasst, sondern mit der Suche nach dem Schuldigen verbunden. Die geringe Frustrationstoleranz hängt damit zusammen, dass Bewerber innerhalb kurzer Zeitabstände viele Veränderungen hinnehmen müssen und ihnen der Nutzen nicht deutlich wird. Die geringe Belastbarkeit ist ein Zeichen dafür, dass viele die momentane wirtschaftliche Situation falsch einschätzen. Gerade in Zeiten von Veränderungsprozessen, Personalanpassungen und Unsicherheit über die berufliche Zukunft sollten sich die Bewerber belastbarer zei-

---

[117] Vgl. Was erwartet die Wirtschaft von den Schulabgängern, online, http://www.aachen-ihk.de/ausbildung/download/bb_001.pdf (18.09.2007).

gen, als sie zurzeit sind. Eine mittlere Abweichung ist bei den Aspekten Initiative, Kommunikationsfähigkeit, Einfühlungsvermögen und Veränderungsbereitschaft festzustellen. Im Kontext der Informations- und Kommunikationstechnologie sowie der Teamstrukturen und des Netzwerkgedankens ist der Aspekt der Kommunikationsfähigkeit zu sehen. Sie zählt heute zu den Basisqualifikationen. Mit Hilfe von kontinuierlichen Verbesserungsprozessen, Qualitätszirkeln, betrieblichem Vorschlagswesen und sonstigen Mitarbeiterbeteiligungsprogrammen sollen sich die Mitarbeiter einbringen. Dadurch soll die Initiative gefördert werden. Eine geringe Abweichung zeigen die Aspekte Engagement, Lernbereitschaft und Teamfähigkeit. Nur wer bereit ist lebenslang zu lernen, kann sich auf die Veränderungen am Markt einstellen und mit den Zeichen der Zeit gehen. In Zeiten drohender Arbeitsplatzverluste und wirtschaftlicher Einbußen nimmt der Druck auf die einzelnen Arbeitnehmer immer weiter zu. Es ist eine Entwicklung zur „Ellbogengesellschaft" zu erkennen. Dabei stellt der Einzelne seine eigene Existenzsicherung in den Vordergrund seiner Bemühungen. Das Engagement ist zwar stark, allerdings nicht für das Unternehmen, sondern für die eigenen Belange.[118]

4.3.3 Nutzen und Befürchtungen in Zusammenhang mit Employability

Durch ökonomische, technologische, rechtliche und gesellschaftspolitische Entwicklungen wird Employability für Unternehmen und den Einzelnen unumgänglich. Förderung der Employability der Mitarbeiter bedeutet für Unternehmen eine Investition in die organisationale Wissensbasis. Diese erlangt in Zeiten zunehmenden Wettbewerbs und Innovationsdrucks eine immer größere Bedeutung. Die Förderung der Employability ermöglicht den Unternehmen auch einen Vorteil bei der Rekrutierung sowie einen flexibleren Mitarbeitereinsatz. Letzteres spielt eine bedeutende Rolle in Krisenzeiten. Die Prozesse können so gestaltet werden, dass die Moral zurückbleibender Beschäftigter gefestigt bleibt und das Unternehmensimage nicht in Mitleidenschaft gezogen wird.[119] Als Aspekte des Nutzens für das Unternehmen lassen sich erschließen: schnelle Reaktionsgeschwindigkeit, höhere Anpassungsfähigkeit, Steigerung der Innovationsfähigkeit, Verbesserung der betrieblichen Wandlungs- und Veränderungsfähigkeit, Flexibilität beim Personaleinsatz, Steigerung der Attraktivität des Arbeitgebers und Entschärfung von Konflikten bei Per-

---

[118] Vgl. Rump, J./Eilers, S., (2005): Employability in der betrieblichen Praxis: Ergebnisse einer empirischen Untersuchung, online,
http://web.fhludwigshafen.de/ibe/index.nsf/Files/C463D0ECBA910F8BC12570EA00375162/$FILE/Employability%20in%20der%20betrieblichen%20Praxis%20Zusammenfassung.doc
(01.09.2007).

[119] Vgl. Rump, J./Schmidt, S., (2004): Lernen durch Wandel – Wandel durch Lernen, Sternenfels, S. 236 ff.

sonalanpassungsprozessen.[120] Für den Einzelnen bedeutet die Sicherung der Employability einen unablässigen Prozess. Dieser eröffnet ihm neue Perspektiven bei einem Arbeitgeber und in einem Berufsfeld, aber auch auf dem gesamten Arbeitsmarkt. Bereits in frühen Sozialisationsstationen, insbesondere in der schulischen Bildung, sollte gezielt auf die relevanten Schlüsselqualifikationen hingearbeitet werden. Dadurch wird das Verständnis für die Notwendigkeit von individueller Employability ausgeprägt. Obwohl es zu den Aufgaben von Schulen und Unternehmen gehört, Employability zu fördern, trägt der Einzelne selbst einen Teil der Verantwortung für den Erhalt und die Entwicklung von Beschäftigungsfähigkeit.[121] Als Aspekte des Nutzens für den Einzelnen können u.a. genannt werden: Steigerung der Karrierechancen auf dem internen und externen Arbeitsmarkt, Aktualität des eigenen Qualifikationsstandes, Erhöhung von Selbstbewusstsein und Eigenverantwortung, Aufdecken bislang nicht genutzter Talente und Mitgestaltungsmöglichkeiten der eigenen beruflichen Zukunft.[122]

Es gibt jedoch nicht nur positive Assoziationen und Nutzenwahrnehmungen. Mit Employability sind auch Befürchtungen verbunden – sowohl auf Unternehmensseite als auch bei dem Einzelnen. Unternehmen scheinen Veränderungen der Loyalitätsbeziehung zwischen Arbeitnehmer und Arbeitgeber festzustellen. Diese ergeben sich aus der Entwicklung der Employability. Da die Unternehmen wissen, dass beschäftigungsfähige Mitarbeiter schon heute einer der wesentlichen Wettbewerbsfaktoren sind und dies auch in Zukunft sein werden, stellen sie sich dieser Entwicklung. Die Unternehmen, die sich daran nicht beteiligen, werden über kurz oder lang keine Mitarbeiter mehr finden, die für sie tätig sein möchten. Eine Reihe von Befürchtungen kann auf Unternehmensseite identifiziert werden. Dies sind u.a.: Machtverlust der Führungskräfte, Nach-außen-Entwickeln der Mitarbeiter, Widerspruch zur gelebten Unternehmenskultur und zu Führungsmustern, Entstehung einer Zweiklassengesellschaft im Unternehmen, Zunahme der Kosten und Beeinträchtigung der Arbeitsleistung. Durch eine offene Diskussion um Ängste und Befürchtungen aus der Perspektive der Unternehmen und Führungskräfte können diese thematisiert werden. Dadurch entsteht die Möglichkeit, ein tragfähiges Employability-Konzept zu entwickeln und umzusetzen.[123]

---

[120] Vgl. Rump, J./Eilers, S.: Managing Employability, in: Rump, J./Sattelberger, T./Fischer, H. (Hrsg.), (2006), a.a.O., S. 24 ff.

[121] Vgl. Rump, J./Schmidt, S., (2004), a.a.O., S. 239; **vgl. auch** Sattelberger, T., (2003): Employability. Kurs halten trotz Irrungen der Ich-AG, in: PERSONALmagazin, 5. Jahrgang, Heft 11, S. 64-66.

[122] Vgl. Rump, J./Eilers, S.: Managing Employability, in: Rump, J./Sattelberger, T./Fischer, H. (Hrsg.), (2006), a.a.O., S. 27 ff.

[123] Vgl. Rump, J./Eilers, S.: a.a.O., in: Rump, J./Sattelberger, T./Fischer, H. (Hrsg.), (2006), a.a.O., S. 29 ff.

Der Wandel in der Arbeitswelt führt bei vielen Arbeitnehmern zu Gefühlen der Verunsicherung und Hilflosigkeit. Wer sich nicht vorausschauend mit seiner individuellen Zukunft auf dem Arbeitsmarkt auseinandersetzt, läuft Gefahr an den Rand der Arbeitsgesellschaft gedrückt zu werden. Es fällt schwer sich von dem über Jahrzehnte gewachsenen Modell der Absicherung durch qualifizierte Erstausbildung und gezielte Berufs- und Arbeitsplatzwahl zu lösen. Erst allmählich lernen viele ihre eigenen Fähigkeiten und Kompetenzen als ebenso sicherheitsgebend zu akzeptieren.[124] Es lässt sich eine Reihe von Befürchtungen beobachten: Angst vor Unsicherheit und Arbeitsplatzverlust, Angst vor Überforderung und dem Burn-out-Syndrom, Angst vor Versagen, Vermutung eines verdeckten Arbeitsplatzabbaus etc. Damit den Befürchtungen Rechnung getragen werden kann, muss ein gelebtes und authentisches Employability-Konzept eingeführt werden. Für die Steigerung der Akzeptanz ist es förderlich, wenn der Nutzen der Beschäftigungsfähigkeit sichtbar und spürbar wird.[125]

5. Neuere Ansätze des Ausbildungsmarketing

In Punkt 3.5 wurde bereits auf die klassischen Ansätze des Ausbildungsmarketing eingegangen. Hier werden nun die neueren Ansätze fokussiert, die im Zeitalter von Web 2.0 genutzt werden können. Seitdem die qualifizierten Nachwuchskräfte knapp geworden sind, rücken immer mehr Maßnahmen in den Vordergrund, um dieser Entwicklung entgegenzuwirken. Im Kampf um die besten Nachwuchskräfte setzen die Unternehmen auf immer ausgefallenere Mittel, wie z.B. Blogs, Chats, Onlinespiele oder Podcasts. Da sich die Jugendlichen vom Internet begeistern lassen, liegt es nahe, die Möglichkeiten dieses Mediums auch für das Ausbildungsmarketing zu nutzen. Da sich die junge Onlinegeneration im Internet ein zweites Zuhause eingerichtet hat, heißt es für Unternehmen neue Wege zu gehen und die Bewerber dort anzusprechen.[126] Nicht ganz unschuldig an dieser Entwicklung ist die Einführung des breitbandigen Internetzugangs, kurz DSL. In der relevanten Zielgruppe der 14- bis 19-Jährigen nutzen bereits heute 53% DSL. Durch das Breitband-Internet ist es zu einem deutlichen Anstieg multimedialer Angebote gekommen. 41% der DSL-User nutzen bereits Audiodateien und 29% rufen regelmäßig Videodateien auf. Drei Viertel der 14- bis 19-Jährigen nehmen an Chats und Foren teil, wo sie

---

[124] Vgl. Rump, J./Eilers, S., (2005): Employability Management – Schlussbericht, Ludwigshafen, S. 58.

[125] Vgl. Rump, J./Eilers, S.: a.a.O., in: Rump, J./Sattelberger, T./Fischer, H. (Hrsg.), (2006), a.a.O., S. 31 f.

[126] Vgl. Furkel, D., (2007): Personalsuche mit Google und Co., in: Personalmagazin 06/07, S. 48; **vgl. auch** o.V., (2007): Web 2.0 eröffnet neue Möglichkeiten der Mitarbeiterrekrutierung, in: Personalführung 6/2007, S. 12.

miteinander kommunizieren können und sich über verschiedenste Dinge austauschen.[127] Aus diesem Grund sollten die Unternehmen die neuen Möglichkeiten, die sich ihnen bieten, nutzen. Denn nicht das, was den Unternehmen gefällt, ist entscheidend, sondern hier gibt die Jugend den Takt an. Schließlich sind es die Jugendlichen, die erreicht werden müssen.

5.1 Web 2.0 – Was ist das?

Seit etwa einem Jahr geistert das Web 2.0 durch die Medien. Doch kaum jemand weiß, was dieser Begriff bedeutet. Geprägt wurde der Begriff vom Verleger Tim O'Reilly. Er definiert ihn folgendermaßen: „Das Web 2.0 ist eine (Business)Revolution in der IT-Branche, die durch die Entwicklung des Internets zu einer Plattform hin ausgelöst wurde. Außerdem ist es ein Versuch, die Regeln um mit dieser Plattform erfolgreich zu sein, zu verstehen. Die wichtigste all dieser Regeln ist die folgende: Entwickle Anwendungen, mit denen es möglich ist Netzwerkeffekte zu nutzen und die besser werden je mehr Leute sie benutzen (Collective Intelligence)."[128] Dennoch wird man in der Literatur keine einheitliche Definition finden. Der Begriff Web 2.0 ist ein Marketing-Kunstwort. „Web" steht kurz für World Wide Web. Der Zusatz „2.0" entstammt der Bezeichnungslogik der Softwareentwicklung. Dies verdeutlicht auch folgende Aufzählung:

Web 0.5 ➔ hiermit wird die Zeit vor dem WWW bezeichnet. 1988 bis 1995 diente das Internet überwiegend der E-Mail- und Datenkommunikation

Web 1.0 ➔ ist das Web von 1996; statisches HTML, reine Einwegkommunikation, klassische Websites

Web 1.5 ➔ Dotcom-Zeit zwischen 1996 und 2001; die Websites wurden dynamischer (Shops, Communities oder Foren); die verwendeten Technologien waren jedoch teuer und speziell, und die User hatten nur beschränkt die Möglichkeit, eigene Inhalte zu veröffentlichen.[129]

Bei Web 2.0 handelt es sich nicht um eine bestimmte Technologie oder Anwendung, sondern um eine übergreifende, neue Sichtweise auf das Internet. Hier gewinnen die Grundgedanken des Web wieder an Bedeutung: Offenheit, Standardisierung und Freiheit. Es wird nun der Anspruch erhoben, nicht nur Hypertexte, sondern auch Inhalte, Orte, Menschen, Meinungen und Ereignisse zu vernetzen. So wird ein ganz neuer Raum von Pro-

---

[127] Vgl. Fisch, M./Gscheidle, C., (2006): Onliner 2006: Zwischen Breitband und Web 2.0, online, http://www.daserste.de/service/0206.pdf (18.08.2007), S. 1 ff.

[128] O'Reilly, T., (2006): Web 2.0 Compact Definition: Trying Again, online, http://radar.oreilly.com/archives/2006/12/web_20_compact.html, zit. bei: Richter A./Koch, M., (2007): Social Software – Status quo und Zukunft, Technischer Bericht Nr. 2007-01, Universität der Bundeswehr München, S. 4.

[129] Vgl. Kellner, S., (2005): Was ist eigentlich Web 2.0?, online, http://empulse.de/2005/08/17/was-ist-eigentlich-web-20/ (19.09.2007).

duktivität, Interaktion und Miteinander erschlossen.[130] Der bis jetzt eher passive Nutzer wird dadurch immer mehr zum aktiven Nutzer im Netz. Für die Benutzer wird es immer einfacher, eigene Fotos, Videos und Tagebucheinträge zu veröffentlichen oder bereits veröffentlichte Inhalte zu kommentieren. Dafür haben neue Techniken wie Ajax oder RSS gesorgt. Sie lassen das Web auf der einen Seite dynamischer werden, auf der anderen Seite sorgen sie dafür, dass die Anwendungen benutzbarer gemacht werden. Zusammenfassend lässt sich sagen, das Web 2.0 nicht nur eine Menge neuer Anwendungen oder Techniken aufzeigt, sondern mehr als eine Kombination aus

- neuen Techniken (Web Services, Ajax, RSS …)
- neuen Anwendungstypen (Weblogs, Wikis, Social Community …)
- einer sozialen Bewegung (Mitwirkung und Selbstdarstellung der User)
- und neuen Geschäftsmodellen (Software als Service, Weptop) zu sehen ist.[131]

5.2 Social Software

Genauso wie der Begriff Web 2.0 kann auch der Terminus Social Software nicht genau bezeichnet werden. Social Software kann jedoch als Umschreibung für „Softwaresysteme, welche menschliche Kommunikation, Interaktion und Zusammenarbeit unterstützen"[132], gedeutet werden. Seit 2002 wird der Begriff als Schlagwort für diverse Anwendungen und Entwicklungen, die dem Web 2.0 zugeordnet werden können, verwendet. Die Wurzeln liegen aber viel weiter zurück. Als Vorläufer können die herkömmlichen Kommunikationsmittel Telefon und E-Mail bezeichnet werden. Aber auch die seit den 1980er Jahren vorangetriebenen Aktivitäten im Bereich der rechnergestützten Kommunikation, der Mensch-Computer-Interaktion und rechnergestützten Gruppenarbeit können als Vorläufer der Social Software bezeichnet werden. Als Beispiel kann hier der Internet Relay Chat genannt werden. Schon bevor es WWW gab, konnten so Ende der 80er Jahre bereits weit über 1.000 Menschen miteinander chatten. Die verschiedenen Anwendungen von Social Software lassen sich auf unterschiedliche Weise strukturieren. Schmidt führt folgende drei Basisfunktionen an:[133]

- Informationsmanagement: Ermöglichung des Findens, Bewertens und Verwaltens von (online verfügbarer) Information

---

[130] Vgl. Maaß, C./Pietsch, G., (2007): Web 2.0 als Mythos, Symbol und Erwartung, Diskussionsbeitrag Nr. 408, 5/2007, FernUniversität Hagen, S. 3.

[131] Vgl. Richter, A./Koch, M., (2007): Social Software – Status quo und Zukunft, Technischer Bericht Nr. 2007-01, S. 4 f.

[132] Sixtus, M., (2005): W wie Wiki, Die Zeit, Nr. 35, in: Richter, A./Koch, M., (2007), a.a.O., S. 7.

[133] Schmidt, J., (2006): Social Software: Onlinegestütztes Informations-, Identitäts- und Beziehungsmanagement, S. 5, in: Forschungsjournal Neue soziale Bewegungen, Nr. 2/2006, S. 37-46, in: Richter A./Koch, M., (2007), a.a.O., S. 7.

- Identitätsmanagement: Ermöglichung der Darstellung von Aspekten seiner selbst im Internet
- Beziehungsmanagement: Ermöglichung Kontakte abzubilden, zu pflegen und neu zu knüpfen.

Aus der Sicht der Wirtschaftsinformatik spielen aber auch die technologischen und ökonomischen Aspekte des Web 2.0 eine Rolle. Deshalb wird Social Software dort folgendermaßen definiert: „Anwendungssysteme, die auf Basis neuer Entwicklungen im Bereich der Internettechnologien und unter Ausnutzung von Netzwerk- und Skaleneffekten indirekte und direkte zwischenmenschliche Interaktion auf breiter Basis ermöglichen und die Beziehungen ihrer Nutzer im WWW abbilden und unterstützen."[134] Abschließend noch ein kurzer Überblick über die Systemgruppen von Social Software. Man unterscheidet Weblogs, Wikis, Social Tagging (-Anwendungen) und Social Networking (-Anwendungen).[135]

5.3 Weblogs

Der Begriff Weblog, kurz auch Blog genannt, setzt sich aus den Wörtern „Web" (Netz) und „Log" (von Logbuch) zusammen. Er beschreibt eine Website, die ein Betreiber schnell und unkompliziert wie eine Art Tagebuch aktualisieren kann.[136] Die Beiträge sind chronologisch sortiert, beginnend mit dem aktuellsten Beitrag auf der Startseite, dem ältere Beiträge folgen. Die Definitionsversuche gehen teilweise recht weit auseinander, da jeder Betreiber eines Weblogs (Blogger) diesen Begriff anders definiert. Dennoch gibt es grundlegende Übereinstimmungen, die sich folgendermaßen zusammenfassen lassen: „Ein Weblog ist eine häufig aktualisierte Website, auf der Inhalte jeglicher Art in chronologisch absteigender Form angezeigt werden. Ein Weblog kann typischerweise die Form eines Tagebuches, eines Journals, einer What's-New-Page oder einer Linksammlung zu anderen Websites annehmen. Der Autor ist dabei entweder eine einzelne Person oder auch eine Gruppe. Alle Inhalte sind in der Regel durch Links mit anderen Websites verlinkt und können unmittelbar durch den Leser kommentiert werden."[137] Weblogs waren ursprünglich nichts anderes als häufig aktualisierte, chronologische Publikationen von persönlichen Gedanken und Webadressen im Internet. Heute beschäftigen Blogs sich mit zahlreichen Themen. Folgende Blogs können beispielhaft genannt werden:[138]

- Watchblogs: beobachten Medien und Firmen kritisch
- Litblogs: beschäftigen sich mit Literatur

---

[134] Richter, A./Koch, M., (2007), a.a.O., S. 8.
[135] Vgl. Richter, A./Koch, M., (2007), a.a.O., S. 11 f.
[136] Vgl. Lattemann, C./Kupke, S., (2007): Selbst steuern, in: Personal, Heft 02/2007, S. 12.
[137] Picot, A./Fischer, T. (Hrsg.), (2006): Weblogs professionell, Heidelberg, S. 14.
[138] Vgl. Alby, T., (2007): Web 2.0: Konzepte, Anwendungen, Technologien, München, S. 21.

- Corporate Blogs: Weblogs von Firmen
- Blawgs: Blogs mit juristischen Themen
- Fotoblogs: es werden vor allem Fotos veröffentlicht
- Vblogs: hier können Videos abgelegt und diskutiert werden.

Blogs lassen sich in drei Kriterien einteilen:[139]

1. Persönliche Blogs: klassische Onlinetagebücher aus diversen Bereichen; sie werden aus Interesse des Autors an dem Thema geschrieben
2. Professionelle bzw. Business-Blogs: vermitteln Know-how über ein Thema; dabei kann es sich um ein Produkt, eine Technologie oder um eine Dienstleistung handeln; auch gesellschaftlich relevante Themen zählen dazu; sie müssen jedoch in Zusammenhang mit der (Berufs-)Tätigkeit des Bloggers stehen
3. Community-Blogs: definieren sich über die Zielgruppe und bieten Informationen zum jeweiligen Thema.

Abschließend kann gesagt werden, dass ein Blog mehr als ein thematisch geführtes Tagebuch im Internet ist. Neben den Inhalten bieten sie noch zusätzliche Funktionen. So ist es möglich, dass die Leser des Blogs Beiträge kommentieren. Dadurch kann der Autor auf Schwachstellen hingewiesen werden und weitere Aspekte des Themas können aufgegriffen werden.[140]

5.3.1 Funktionsweise

Blogs bieten jedem, der Zugang zu einem Computer hat, die Möglichkeit auf äußerst einfache Weise Inhalte kostenlos im Web bereitzustellen. Mehr als die üblichen Kenntnisse im Umgang mit PCs sind nicht erforderlich. Der Blogger öffnet seinen Webbrowser und meldet sich für den administrativen Bereich seines Weblog-Systems an. Danach erstellt er in einem Formular einen neuen Beitrag für das Weblog. Diesen veröffentlicht er, indem er ihn im System speichert. Das Weblog-System erstellt automatisch eine dauerhafte Website für den Beitrag. Dieser wird in die chronologisch sortierte Liste der letzten Weblog-Beiträge sowohl auf der Startseite als auch im Archiv des Weblogs integriert. Gleichzeitig wird das RSS-Feed aktualisiert. Das Weblog-System sendet einen Ping an einen oder mehrere Ping-Server, um darüber zu informieren, dass eine Aktualisierung des Weblogs stattgefunden hat. Suchmaschinen besorgen sich bei den Ping-Servern die Informationen über die Aktualisierungen. Dadurch befinden sich in den Suchmaschinen stets aktuelle Informationen. Auch der Gebrauch eines RSS-Readers ist möglich. Hier können mehrere Weblogs durch ein einziges Programm gleichzeitig auf neue Inhalte überprüft werden. Dazu werden die vom System erstellten RSS-Feeds genutzt. Dies hat

---
[139] Vgl. Szugat, M./Gewehr, J.-E./Lochmann, C., (2006): Social Software, Blogs, Wikis & Co., Frankfurt, S. 25 f.
[140] Vgl. Alby, T., (2007), a.a.O., S. 22.

den Vorteil, dass nicht mehr manuell jede Website über einen Browser aufgerufen und betrachtet werden muss.[141]

5.3.2 Eignung als Instrument für Ausbildungsmarketing

Da die Nutzung von Weblogs besonders ein Phänomen der Jugend ist, sollten Unternehmen auf dieses Instrument zurückgreifen um zukünftig potentielle Bewerber anzusprechen. Immerhin 11% der 14- bis 19-Jährigen nutzen aktiv Weblogs. So können zum Beispiel Mitarbeiter, Auszubildende und Ausbilder Weblogs zu ihrem Unternehmen und ihrer Ausbildung verfassen. Bei den Mitarbeiterblogs ist es von Vorteil, dass dort Menschen bloggen, die eine persönliche Sicht der Dinge in einem persönlichen Ton schildern. Diese Informationen wirken authentisch und der Leser erhält Hintergrundinformationen.[142] Auch kritische Beiträge stellen kein Problem dar. Sie können mit den Mitarbeitern diskutiert werden und gemeinsam kann versucht werden eine Lösung zu finden. Außenstehende bekommen so ein Bild von dem Unternehmen, über das Arbeitsklima, die Produkte und Dienstleistungen. Ein gut gemachter Mitarbeiterblog kann sich auch positiv auf das Employer Branding auswirken. Als Beispiel kann hier der FROSTA Mitarbeiterblog genannt werden.[143] Ein Ausbildungsblog richtet sich speziell an die Zielgruppe der Schulabsolventen. Durch einen solchen Blog wird die Ausbildung erlebbar. Die Auszubildenden des Unternehmens bloggen ihren Arbeitstag und geben Einblicke in die Aufgabenbereiche des entsprechenden Ausbildungsberufes. Durch die detaillierte und authentische Beschreibung dieser Aufgaben können sich Jugendliche erste Einblicke verschaffen und so für sich feststellen, ob der Ausbildungsberuf für sie von Interesse sein könnte. Auch die Ausbilder selbst können Einblicke in das „Innenleben" der neuen und unbekannten Berufswelt ihres Unternehmens geben. Bewerber haben die Möglichkeit mit Ausbildern und Auszubildenden in Kontakt zu treten. Fragen können so verständlich beantwortet werden. Auch diverse Themen aus dem Ausbildungsleben können aufgegriffen und diskutiert werden.[144] Durch einen solchen Ausbildungsblog hat das Unternehmen die Möglichkeit, sich als attraktiver Arbeitgeber für potentielle Bewerber darzustellen. Allerdings muss der Blog täglich betreut werden. Denn nur wenn die Themen aktuell und die Inhalte qualitativ hochwertig sind, kann der Bewerber optimal angesprochen werden. Als ein gutes Beispiel kann hier der Ausbildungsblog der Festo AG genannt werden.[145]

---

[141] Vgl. Picot, A./Fischer, T., (2006), a.a.O., S. 15 f.
[142] Vgl. Alby, T., (2007), a.a.O., S. 42.
[143] http://www.frostablog.de/blog
[144] Vgl. Festo ist ein Ort der Ideen, (2007), online, http://www.pressebox.de/pressemeldungen/festo-ag-co-kg/boxid-110576.html (22.09.2007).
[145] http://www.ausbildungsblog.de.

5.4 Podcasts

Das Motto vieler Unternehmen lautet in letzter Zeit: „Wer nicht lesen will, darf hören". Damit wird deutlich, dass sich Podcasts – Audio- oder Videodateien, die dem Nutzer im Internet zur Verfügung gestellt werden – großer Beliebtheit erfreuen. Immerhin nutzen 10% aller DSL-Kunden schon solche Angebote. Besonders in der Zielgruppe der 14- bis 19-Jährigen sind Podcasts sehr beliebt, da sie immer weniger das geschriebene Wort konsumieren. Podcasts sind also weit mehr als eine Modeerscheinung. Ein Podcast ist eine Art Radiosendung, die im Internet kostenlos veröffentlicht wird. Diese können wie News oder Blogeinträge über RSS-Feed abonniert werden. Podcast ist ein Kunstwort. Es setzt sich aus den Wörtern „iPod" (ein bekannter MP3-Player von Apple) und „broadcast" (für Rundfunk) zusammen.[146] Podcasts stehen für Individualität und Unangepasstheit. Der Inhalt kann aus Musik, Tagebüchern, Nachrichten, Kritiken oder Hörspielen bestehen. Die Länge der Podcasts kann unterschiedlich sein. Von wenigen Minuten bis zu mehreren Stunden ist alles möglich. Des Weiteren können sie jederzeit empfangen werden, d.h., sie sind nicht auf eine bestimmte Uhrzeit beschränkt. Sie können nicht nur mit dem PC abgerufen und wiedergegeben werden, sondern auch auf portablen Geräten wie MP3-Playern genutzt werden. Somit sind Podcasts auch ortsunabhängig und können an jedem beliebigen Ort gehört werden.[147] Podcasts können in Audiopodcasts und Videopodcasts unterschieden werden. Während die Audiopodcasts schon seit längerem bekannt sind, gewinnen die Videopodcasts, kurz Videocasts oder Vodcasts, immer mehr an Bedeutung. Hierbei handelt es sich um die Onlinebereitstellung von Videos. Momentan wird dieser Service noch überwiegend von den Fernsehanstalten genutzt, aber in den nächsten drei Jahren werden auch Unternehmen dieses Medium zunehmend für sich erkennen.[148]

5.4.1 Funktionsweise

Technisch gesehen sind Podcasts keine große Sache. Man benötigt einen PC, ein Mikrofon, eine Kamera und Audio-Software zum Aufnehmen und Mischen von Ton und Musik. Sollte das Betriebssystem über keine geeignete Software zur Aufnahme verfügen, so ist Audacity[149] eine gute und vor allem kostenlose Variante. Wichtig bei der Auswahl der Software für das Audioprogramm ist, dass sie über mindestens zwei Audiospuren verfügt. Auf der ersten Spur wird der gesprochene Text aufgenommen, auf der zweiten wird die Musik hinzugefügt. Wenn alles fertig gemischt ist, muss die Datei als ein platzsparendes und bandbreiten-freundliches Format gespeichert werden. Folgende Formate bieten sich

---

[146] Vgl. Alby, T., (2007), a.a.O., S. 73.
[147] Vgl. Kienitz, G.-W., (2007): Web 2.0, Kempen, S. 32.
[148] Vgl. Web 2.0 erobert Personalabteilungen, online, http://www.hr-newsblog.de/2006/12/05/index.html (04.08.2007).
[149] Siehe http://www.audacity.de.

an: mp3, wma, m4a, mov, m4v, mp4. Die Internetadresse, unter der die konvertierte Datei abgelegt wird, vermerkt der Ersteller im RSS-Feed seines Blogs oder seiner Website. Um den fertig produzierten Podcast zu veröffentlichen, gibt es zwei Möglichkeiten. Entweder nutzt man den Service eines Dienstleisters, wie z.B. podhost.de oder man führt eine Selbstinstallation auf einem eigenen Server durch, z.B. mit Hilfe von Loudblog oder Magix Podcast Maker. Der neue oder aktualisierte RSS-Feed wird im Internet veröffentlicht. Dadurch werden Podcast-Konsumenten, kurz Podder, über Podcast-Verzeichnisse (podcast.de) auf den neuen Podcast aufmerksam. Diese können den Beitrag entweder direkt über den vorhandenen Player der Seite abspielen oder mit Hilfe eines Podcasting-Client, dem Podcatcher, die Datei herunterladen (Internet Explorer, Firefox, Opera).[150] Eine Anleitung zum Erstellen eines Podcasts findet man im Web unter http://www.allesbeta.de/0042.htm.

5.4.2 Kosten

Erstellt man den Podcast selbständig, fallen in der Regel relativ geringe Kosten an. Lediglich die benötigten Softwareprogramme verursachen Kosten. Meistens verfügt das Betriebssystem jedoch schon über die notwendige Software oder man kann sie kostenlos aus dem Internet downloaden. Auch der Service der Dienstleister für die Veröffentlichung ist oft kostenlos. Sie bieten monatlich 30 MB Speicherplatz kostenlos an, für weiteren Speicher berechnen sie Gebühren. Auch die Anzahl der Downloads des Podcasts spielt bei der Preisgestaltung keine Rolle.[151] Es gibt aber auch die Möglichkeit sich den Podcast von Dritten erstellen zu lassen. Dabei können die Preise schon deutlich variieren. Viele Universitäten, besonders aus dem Bereich Medien, erstellen im Auftrag von Unternehmen Podcasts. Hier fallen Kosten pro Podcast und Sprecher von ca. 250 Euro an. Aber auch Dienstleister, die auf die Produktion von Podcasts spezialisiert sind, können beauftragt werden. Die Produktion eines Podcasts inkl. Sprecher beträgt hier 400 bis 500 Euro. Die dritte Möglichkeit wäre das Angebot für spezielle Websites mit allen Funktionen für einen Podcast, d.h. Backend mit Content-Management-System, Frontend mit automatischer RSS-Feed-Erstellung, Shownote-Anzeige für die einzelnen Episoden, Links für Direktdownload, Flashplayer für das Abspielen direkt auf der Website ohne Download etc. Dafür würden Kosten zwischen 2.000 und 3.000 Euro anfallen.[152] Auch

---

[150] Vgl. Alby, T., (2007), a.a.O., S. 77 f., **vgl. auch** Kienitz, G.-W., (2007), a.a.O., S. 162 f.; **vgl. auch** Podcasting: Schritt für Schritt erklärt, (2005), online, http://www.podcast.de/podcasting/schritt-fuer-schritt-erklaert/ (24.09.2007).
[151] Vgl. Alby, T., (2007), a.a.O., S. 79.
[152] Vgl. Roth, S., (2007): Podcast bei Fraport – ein neuer Weg im Personalmarketing, entnommen aus: War for Talents, Konferenzunterlagen vom 27. Juni, Berlin, S. 14.

für die Videocasts muss man mit 2.000 bis 3.000 Euro pro Produktion rechnen. Aufwendigere Produktionen kosten sogar bis 10.000 Euro.[153]

5.4.3 Eignung als Instrument für Ausbildungsmarketing

Da gerade für die jüngere Zielgruppe die Medien des Web 2.0 eine sehr wichtige Rolle spielen, können Podcasts als Instrument für Ausbildungsmarketing ohne große Bedenken genutzt werden. Die Unternehmen können sich dadurch viel besser präsentieren als nur auf Papier oder einer Internetseite. Mit Hilfe der Audio- und Videopodcasts sollen die potentiellen Bewerber einen Einblick in das Thema Ausbildung und Bewerbung bekommen. Zu Wort kommen die Auszubildenden, Praktikanten und die Mitarbeiter aus dem Bereich Berufsbildung und Personal. Der Text wird von allen selbst gesprochen. Obwohl es ein kleines Drehbuch gibt, wird kein Text abgelesen. Sogar Versprecher oder auch ein Räuspern werden nicht herausgeschnitten. Dadurch wirken die Beiträge authentisch. Wichtig ist auch, dass auf gleicher Augenhöhe kommuniziert wird. Die Beiträge finden so eine hohe Akzeptanz und haben eine starke Glaubwürdigkeit. Auch bei den Vodcasts sind die Auszubildenden und Mitarbeiter die Hauptdarsteller. Hier können die Bewerber Einblicke in das Unternehmen bekommen, da sie bei einem Rundgang, der von einem Mitarbeiter mit Kamera durchgeführt wird, Informationen erhalten. Auch die einzelnen Abteilungen und Arbeitsabläufe können so vorgestellt werden. Kleinere Versprecher werden auch hier nicht herausgeschnitten, denn die Abteilungen sollen sich so präsentieren, wie sie wirklich sind.[154] Durch Podcasts können sich die Unternehmen auch als innovativer Arbeitgeber präsentieren, was zu einer Optimierung des Employer Branding führt. Es muss jedoch beachtet werden, dass nicht nur PR vermittelt wird, sondern das Unternehmen möglichst authentisch präsentiert wird. Trotz aller positiven Aspekte können Podcasts immer nur Zusatzmedium sein. Sie werden die anderen Informationskanäle nicht verdrängen, sondern ergänzen. Als Beispiele können hier die Podcasts von IKEA und Siemens genannt werden.

5.5 Wikis

Der Begriff „Wiki" gewinnt in den letzten Jahren immer mehr an Bedeutung. Während Blogs der subjektiven Meinungsäußerung dienen, verfolgen Wikis das Ziel, das Fachwissen mehrerer Nutzer zu bestimmten Themen zu konsolidieren. Aber was genau ist jetzt ein Wiki? „Ein Wiki, auch WikiWiki oder WikiWeb genannt, ist eine im WWW verfügbare Seitensammlung, die von den Benutzern nicht nur gelesen, sondern auch online ge-

---

[153] Vgl. Web 2.0 erobert Personalabteilungen, (2006), online, http://www.hr-newsblog.de/2006/12/05/index.html (04.08.2007).
[154] Vgl. Am Ohr des Mitarbeiters, (2007), in: Personalführung 5/2007, S. 6; **vgl. auch** Furkel, D., (2007): Personalsuche mit Google und Co., in: Personalmagazin 06/07, S. 49.

ändert werden kann."[155] 1995 wurde das erste Wiki von Ward Cunningham als einfaches Werkzeug zum Wissensmanagement entwickelt. Der Name ist auf die Shuttle-Buslinie „Wiki Wiki" am Honolulu Airport auf Hawaii zurückzuführen. Er steht für schnell.[156] Anhand dieses hawaiianischen Wortes wird die wesentliche Stärke eines Wikis deutlich. Da die Seiten von jedem Besucher ohne besonderen Aufwand innerhalb von Sekunden veränderbar und kommentierbar sind, ist der Editieraufwand sehr gering. Durch die Verbindung der Seiten und Artikel mit Links können Schlagwörter schnell weiter recherchiert werden. Große Bekanntheit erlangten die Wikis durch die Online-Enzyklopädie Wikipedia. Sie ist die größte Enzyklopädie der Welt. Es existieren bereits Versionen in 30 Sprachen. Allein in Deutschland sind zurzeit mehr als 550.000 Artikel abrufbar.[157] Aber auch zahlreiche Wikis, die sich mit Spezialthemen beschäftigen, sind im Internet zu finden.

5.5.1 Funktionsweise

Um ein Wiki zu erstellen, benötigt man lediglich elementare Computerkenntnisse. Nachdem man den Artikel aufgerufen hat, den man bearbeiten möchte, klickt man entweder auf „Seite bearbeiten" im oberen Bereich der Seite oder auf den entsprechenden Bearbeitungslink neben der Überschrift. Es öffnet sich ein Editor und der Text kann verändert werden. Die merkwürdigen Zeichen, die im Text eingefügt sind, sorgen für die Formatierung des Artikels und für die Links zwischen den Artikeln. In das Feld „Zusammenfassung und Quellen" müssen in kurzen Worten die vorgenommenen Änderungen eingegeben werden, z.B. Tippfehler oder Datum korrigiert. Dadurch ist es für andere Benutzer leichter nachvollziehbar, was geändert wurde. Wenn der Text erweitert wird, muss hier die verwendete Quelle angegeben werden. Danach kann man sich eine Vorschau anzeigen lassen, um zu überprüfen, ob alles korrekt ist. Ist dies der Fall, wird die Seite gespeichert.

Es gibt aber auch die Möglichkeit einen Artikel neu zu erstellen. Dazu muss in das Feld „Artikel erstellen" der Name des neuen Artikels eingegeben werden. Anschließend kann der Text verfasst werden. Dabei sind jedoch für die Textgestaltung und die Links spezielle Schreibweisen zu beachten (können auf Wikipedia eingesehen werden). In das Textfeld „Zusammenfassung und Quellen" wird eingegeben, wovon der Artikel handelt und welche Quellen benutzt wurden. Anschließend kann eine Vorschau angezeigt wer-

---

[155] Wikipedia, online, http://de.wikipedia.org/wiki/Wiki (26.09.2007).
[156] Vgl. Danowski, P./Jansson, K. /Voß, J.: Wikipedia als offenes Wissenssystem, in: Dittler, U./Kindt, M./Schwarz, C. (Hrsg.), (2007): Online-Communities als soziale Systeme, Münster, S. 18.
[157] Vgl. Richter, A./Koch, M., (2007), a.a.O., S. 19.

den. Danach wird die Seite gespeichert. Abschließend sollte der Ersteller noch eine Volltextsuche durchführen, um festzustellen, ob der Artikel sinnvoll verlinkt werden kann.[158]

5.5.2 Eignung als Instrument für Ausbildungsmarketing

Da die Zielgruppe der 14- bis 19-Jährigen Wikipedia überdurchschnittlich nutzt, würden sich Wikis als Instrument für Ausbildungsmarketing anbieten. Durch eine Unternehmenspräsentation bekämen die Bewerber einen Einblick in das Unternehmen. Sie könnten Informationen über die Entstehungsgeschichte, die Produktpalette, die verschiedenen Abteilungen und nicht zuletzt über die Ausbildungsangebote des Unternehmens sammeln. Da Wikipedia jedoch grundsätzlich keine Plattform für irgendeine Form von Werbung ist, sollten Unternehmenspräsentationen dort vermieden werden – jedenfalls von Seiten des Unternehmens selbst. Die Unternehmen sollten darauf warten, dass ein Dritter einen Artikel über sie veröffentlicht. Dadurch ist auch die Objektivität der Veröffentlichung gewährleistet. Wird dennoch ein Artikel von Seiten des Unternehmens veröffentlicht, muss damit gerechnet werden, dass dieser gegebenenfalls von anderen Personen geändert werden kann. Eine Korrektheit des Eintrages kann somit niemals vollständig sichergestellt werden.[159]

Allerdings eignet sich ein Wiki für ausgewählte Funktionen im Wissens- und Personalmanagement. Diese erfolgen jedoch über ein internes Wiki im Intranet. Im Bereich Wissensmanagement werden Wikis u.a. in folgenden Funktionen angewendet: Identifikation von Wissenslücken, Suche, Sammlung & Auswahl von Wissen, Verbesserung der Kommunikation, Training & Weiterbildung. Wikis im Bereich Personalentwicklung dienen u.a. der Mitarbeitermotivation, Persönlichkeitsentwicklung, Vergrößerung der Fachkompetenz und Steigerung der Unternehmensidentifikation.[160] Somit wird deutlich, dass Wikis im Bereich Ausbildungsmarketing erst ab dem Eintritt der Bewerber sinnvoll sind. Für die Akquisition eignen sie sich dagegen weniger, da sie leicht manipulierbar sind und dadurch falsche Informationen vermittelt werden können.

5.6 Social Networking

Die Pflege von Kontakten gestaltet sich auf Grund räumlicher und zeitlicher Begrenzungen oft sehr schwierig. Neue Kommunikationsdaten wie Instant Messaging erleichtern zwar die Kommunikationsanbahnung, jedoch bieten solche Dienste nur eingeschränkte

---

[158] Vgl. Wikipedia, online, http://de.wikipedia.org/wiki/Bild:Edit_up_de_banner_long_png (26.09.2007), Punkte 1-6.
[159] Vgl. Wikipedia, online, http://de.wikipedia.org/wiki/Wikipedia:Eigendarstellung (26.09.2007).
[160] Vgl. Lattemann, C./Kupke, S., (2007): Selbst steuern, in: PERSONAL Heft 02/2007, S. 13.

Möglichkeiten Nutzer im organisatorischen Bereich zu unterstützen.[161] Hier setzt jetzt das Social Networking an. Unter Social Networking werden Plattformen oder Websites verstanden, die ein „Freundenetzwerk" als virtuelles Interaktionsgeflecht darstellen. Dort treffen sich Leute mit ähnlichen Interessen, lernen sich kennen und tauschen sich aus. Die Benutzer können ein eigenes Profil erstellen, wo u.a. der Lebenslauf, Interessens- oder Fachgebiete, persönliche Kontaktdaten und ein Foto veröffentlicht werden können. Dieses Profil kann genutzt werden, um mit anderen Menschen im Netzwerk in Kontakt zu treten. Auch Audio-, Video- oder Bilddateien können anderen Anwendern gezeigt und von diesen kommentiert werden. Innerhalb eines Blogs haben die Nutzer auch die Möglichkeit ihre Ansichten und Vorlieben darzustellen. Diese Blogs existieren aus diversen Themenbereichen und jeder Nutzer einer Social Community kann neue Blogs eröffnen. Im Mittelpunkt steht der Socializing-Trend, welchen die Mitglieder einer Community genießen. Ein weiterer Vorteil solcher Communities ist, dass der Nutzer allein entscheidet, wem er welche Daten zur Verfügung stellen will. Der Nachteil einer Social-Networking-Anwendung besteht allerdings darin, dass die Hemmschwelle für eine Kontaktaufnahme gegenüber der realen Welt abnimmt. Ein weiteres Problem ist die Preisgabe vieler persönlicher Daten. Dadurch wird es für andere Nutzer leichter an vertrauliche Informationen zu gelangen.[162] Anfang des 21. Jahrhunderts waren die Community-Plattformen Friendster oder MySpace mit die ersten auf dem Markt. Mittlerweile gibt es zahlreiche Plattformen, die sich auf ein Themengebiet spezialisieren. Bei diesen spezialisierten Plattformen verliert die Social-Networking-Komponente jedoch an Bedeutung, da sich hier hauptsächlich auf das Kommentieren beschränkt wird.[163] Im Folgenden wird ein Überblick über die Social-Networking-Plattformen MySpace und SchülerVZ gegeben. Weiterhin wird auf Video- und Fotocommunities und in einem neuen Kapitel auf die Social-Networking-Plattform Second Life eingegangen.

5.6.1 MySpace und SchülerVZ

Als ein Paradebeispiel für eine Social-Networking-Site kann MySpace angesehen werden. MySpace ist eine mehrsprachige kostenlose Website. Die Nutzergruppe zieht sich durch sämtliche Altersschichten. Der Anteil der Teenager ist jedoch mit Abstand am höchsten. Die Plattform bietet die Möglichkeit zum Bloggen, Ablegen von Fotos, Videos und MP3s. Es können Gruppen gebildet werden, denn ein internes Nachrichtensystem erlaubt den Kontakt untereinander. Natürlich kann auch jeder Benutzer ein Profil anlegen,

---

[161] Vgl. Richter, A./Koch, M., (2007), a.a.O., S. 27.
[162] Vgl. Richter, A./Koch, M., (2007), a.a.O., S. 27 f.; **vgl. auch** Schmitz, B.: Einführung in das Thema Social Networking, online,
http://www.bernd-schmitz.net/wiki/index.php/Einf%C3%BChrung_in-das-Thema (27.09.2007).
[163] Vgl. Schmitz, B.: Einführung in das Thema Social Networking, online,
http://www.bernd-schmitz.net/wiki/index.php/Einf%C3%BChrung_in-das-Thema (27.09.2007).

wo er Informationen zu Schulbildung, Beziehungsstatus, Sternzeichen etc. angeben kann. Die deutsche Seite von MySpace zählt bereits über 2,5 Millionen Mitglieder und täglich kommen 4.000 Nutzer hinzu.[164] Ähnlich aufgebaut ist auch das SchülerVZ. Hier sind jedoch nicht alle Altersklassen vertreten. SchülerVZ ist eine Online-Community für Schüler ab 12 Jahren. Auch hier ist es dem Nutzer möglich sich mit Freunden aus Schule und Freizeit zu vernetzen, Fotoalben anzulegen, Gruppen zu gründen oder ihnen beizutreten und Nachrichten zu verschicken. Natürlich kann auch hier ein persönliches Profil mit Bild angelegt werden.[165]

Für mittelständische Unternehmen könnten u.a. diese Social-Networking-Communities eine Möglichkeit bieten, Ausbildungsplatzbewerber auf ihr Unternehmen aufmerksam zu machen. So könnten z.B. die Ausbilder oder die Auszubildenden des Unternehmens auf der jeweiligen Seite ein Profil anlegen. Neben dem Profil werden dann noch Bilder vom Unternehmen und vom Arbeitsplatz eingestellt oder es wird ein Video veröffentlicht, mit dem das Unternehmen vorgestellt wird und der Interessent Informationen über die Ausbildung bekommt. Dieses Video kann als kurzer Clip, aber auch als Film präsentiert werden. Wenn die Bilder oder Videos nicht auf den Community-Seiten veröffentlicht werden sollen, kann auch mit Hilfe eines Links auf die Unternehmenshomepage verwiesen werden, wo diese dann abgerufen werden können. Ein weiterer Vorteil könnte sich den Unternehmen darin bieten, dass auch Blogs und Gruppen zu diversen Themen angelegt werden können. Dadurch besteht die Möglichkeit, dass die Mitglieder untereinander über das Unternehmen diskutieren und sich austauschen. Aber auch Fragen können gestellt werden, die dann von den Ausbildern oder den Auszubildenden beantwortet werden. In diesen Blogs und Gruppen können auch offene Ausbildungsplätze angeboten werden. Anhand der persönlichen Informationen der Nutzer kann auch von Seiten des Unternehmens nach geeigneten Kandidaten für Ausbildungsplätze gesucht werden. Diese können dann direkt angesprochen werden. Eine solche Suche könnte mit Hilfe der Altersstruktur, der Postleitzahl, der Schulausbildung oder der Interessen erfolgen. Somit könnte die Anzahl der Bewerber von Anfang an eingeschränkt werden und es würden nur diejenigen angesprochen, die von Interesse für das Unternehmen sind.

Aber auch von Bewerberseite könnten solche Plattformen Vorteile bei der Ausbildungsplatzsuche bieten. Bewerber, die auf der Suche nach einem Ausbildungsplatz sind, könnten ein Bewerbungsvideo von sich einstellen und damit die Unternehmen auf sich aufmerksam machen. Dadurch bekämen diese schon einen ersten Eindruck von möglichen

---

[164] Vgl. Alby, T., (2007), a.a.O., S. 102; **vgl. auch** Schmitz, B.: Social-Networking Plattformen – Nutzen und Möglichkeiten, online, http://www.bernd-schmitz.net/skripte/Social-Networking.pdf (26.09.2007), S. 19 f.

[165] Vgl. Schülerverzeichnis: Informationen für Eltern und Lehrer, online, http://www.schuelervz.net/l/parents/l/ (27.09.2007).

neuen Auszubildenden. Auch die Blogs und Gruppen könnten dazu genutzt werden, um nach einem Ausbildungs- oder Praktikumsplatz zu suchen. Dort könnten sich alle eintragen, die suchen, und ihre Wünsche und Vorstellungen äußern. Die Mitglieder dieser Blogs und Gruppen haben die Möglichkeit sich bei der Suche gegenseitig zu unterstützen und können gegebenenfalls auf offene Ausbildungsplätze in Unternehmen in ihrer Region aufmerksam machen. Auch die Ausbilder der Unternehmen können dort nach Kandidaten Ausschau halten und diese bei Eignung direkt ansprechen.

Die genannten Möglichkeiten sollen lediglich als Anregungen verstanden werden und dienen nur dazu aufzuzeigen, was anhand von Social-Networking-Communities im Bereich Ausbildungsmarketing möglich wäre.

5.6.2 Foto- und Video-Communities

Foto-Communities sind Online-Communities, in der Hobbyfotografen und semiprofessionelle sowie professionelle Fotografen ihre Bilder präsentieren und diskutieren können. Die bekannteste Foto-Community ist Flickr. Sie ist eine teils kommerzielle Web-2.0-Webanwendung, die es Benutzern erlaubt, digitale Bilder mit kurzen Kommentaren auf die Website zu stellen.[166] Mittlerweile wird die Seite von mehr als 2 Millionen Usern genutzt, um Fotos zu taggen, zu kommentieren und Fotoalben anzulegen. Ebenso können sich die Benutzer in Gruppen zusammenschließen um zu einem bestimmten Thema Fotos zu sammeln und darüber zu diskutieren.[167] Für jedes Flickr-Mitglied ist der Speicherplatz unbeschränkt. Beim Upload gibt es allerdings Beschränkungen. Pro Monat können 20 MB hochgeladen und drei Alben kostenlos angelegt werden. Ansonsten muss für 25 US-Dollar pro Jahr eine Premiummitgliedschaft eingegangen werden. Es dürfen dann beliebig viele Alben angelegt und jeden Monat 2 GByte an Bilddateien eingestellt werden.[168] Auch Unternehmen können hier Bilder einstellen. Dies können z.B. Bilder von Betriebsfesten, Ausflügen, Azubi-Treffen, Gruppenfotos von Abteilungen und den Auszubildenden sowie Luftaufnahmen vom Betriebsgelände sein. Dadurch kann sich das Unternehmen als attraktiver Arbeitgeber präsentieren und würde auch gleichzeitig etwas für das Employer Branding und das Image machen.

Video-Communities sind im Aufbau mit den Foto-Communities vergleichbar. Allerdings werden hier Videos der einzelnen Nutzer veröffentlicht. Als bekannteste Plattform ist hier YouTube zu nennen. Benutzer können kostenlos Videoclips ansehen und hochladen. Täglich werden um die 100 Millionen Clips angeschaut und heruntergeladen und ca. 60.000

---

[166] Vgl. Flickr, online, http://de.wikipedia.org/wiki/Flickr (28.09.2007).
[167] Vgl. Szugat, M./Gewehr, J.E./Lochmann, C., (2006), a.a.O., S. 80; **vgl. auch** Alby, T., (2007), a.a.O., S. 94.
[168] Vgl. Kienitz, G.W., (2007), a.a.O., S. 43.

Videos hochgeladen. Von Musikvideos über Dokumentationen und Nachrichten bis zu gefilmten Anleitungen etc. gibt es ein gigantisches Archiv. Ebenso bietet YouTube alles, was zu einer Community gehört. Auch hier können die Clips bewertet und kommentiert werden und kann im Forum oder per E-Mail mit anderen Nutzern Kontakt aufgenommen werden.[169] Den Unternehmen bietet sich die Möglichkeit auf solchen Plattformen Kurzfilme über die Ausbildungsmöglichkeiten einzustellen. In diesen Filmen sollen die Interessenten einen Einblick über das Aufgabenfeld während der Ausbildung bekommen. Aber auch Einblicke in das Unternehmen sollen miteingebunden werden. Die Filme werden wie die Podcasts produziert. Allerdings darf hier ein Film nicht größer als 100 MB oder höchstens 10 Minuten lang sein. Dadurch kommt es oft zu einer geringeren Qualität der Filme.[170] Dennoch stellt eine Video-Community eine kostengünstige Variante dar, um sich der Zielgruppe der Ausbildungsplatzbewerber zu präsentieren, da die Mitgliedschaft kostenlos ist.

5.7 Second Life

Allmählich drängt mit den Millenials, den seit den 80er Jahren Geborenen, eine völlig neue Generation auf den Arbeitsmarkt. Damit diese Zielgruppe erreicht wird, müssen Arbeitgeber neue Wege gehen, die zu den Lebens- und Konsumgewohnheiten der Millenials passen. Second Life ist dafür eine ideale Plattform. Etwa zwei Drittel der Nutzer von Second Life sind zwischen 18 und 34 Jahre alt. Somit ist die altersmäßig wichtige Zielgruppe dort anzutreffen.[171] „Second Life ist eine virtuelle Welt – eine 3D-Umgebung, die von ihren Bewohnern geschaffen, gestaltet und weiterentwickelt wird."[172] Die Nutzer können hier kommunizieren und spielen, aber auch Handel betreiben. Seit 2003 ist das System online. Mittlerweile sind rund 5 Millionen Nutzer registriert, von denen durchschnittlich 15.000 bis 40.000 online sind.[173]

5.7.1 Funktionsweise

Jeder Nutzer wählt zu Beginn einen Avatar und einen Namen aus, um sich auf der Plattform anzumelden. Anschließend muss der Second Life Client heruntergeladen werden. Danach kann der Ausflug in der künstlichen Welt beginnen. Beim ersten Start des Programms gelangt der Avatar auf eine Insel. Hier lernt man gehen, Dinge zu betrachten und

---

[169] Vgl. Kienitz, G.W., (2007), a.a.O., S. 50 f.
[170] Vgl. Kienitz, G.W., (2007), a.a.O., S. 52.
[171] Vgl. Völke, U.A., (2007): Recruiting im Second Life: TPM Worldwide mit eigener Insel, online,
http://www.crosswater-systems.com/ej_news_2007_04_TPM.htm (29.09.2007).
[172] Vgl. Kienitz, G.W., (2007), a.a.O., S. 67.
[173] Vgl. Hucht, M., (2007): Avatare auf Jobsuche, online,
http://www.faz.net/s/RubC04145822B794FD59CBBC4D2C39CF75A/Doc~E9D6087860A73406 6B0F5E1F8C0E9240D~ATpl~Ecommon~Scontent.html (29.09.2007).

zu fliegen. Erst wenn man mit der Steuerung umgehen kann, versetzt das Programm den Avatar aufs Festland. Hier spielt sich das virtuelle Leben ab. Der Avatar kann jetzt jederzeit komplett geändert werden. In Second Life gibt es eine Menge zu entdecken, wie z.B. Wohnviertel, Einkaufszentren, Sportstadien und Schlösser. Zu den einzelnen Orten gelangt der Avatar entweder zu Fuß, fliegend oder per Teleportation. Es können aber auch das Flugzeug, die Bahn oder eine fliegende Untertasse genutzt werden. Jedem Avatar steht auch die Möglichkeit frei, Häuser zu bauen und einzurichten, Grundstücke zu kaufen oder alle möglichen Dinge zu entwerfen. Durch die Einbindung der virtuellen Währung, des Linden-Dollars, die in eine reale Währung (US-Dollar) transformiert werden kann, können alle selbst erschaffenen und die meisten anderen Objekte innerhalb von Second Life gehandelt werden. Auch die Kommunikation wird nicht vernachlässigt. Es können Gruppen gebildet werden. Durch den Instant Messenger kann nicht nur mit Einzelpersonen, sondern auch mit allen Mitgliedern der Gruppe kommuniziert werden. Bereits ab 13 Jahren, das Einverständnis der Eltern vorausgesetzt, kann bei Second Life „eingezogen" werden. All diejenigen, die unter 18 Jahre sind, landen jedoch in einem separaten Bereich, zu dem Erwachsene keinen Zutritt haben. Erst ab dem 18. Lebensjahr steht die ganze virtuelle Welt von Second Life offen.[174]

5.7.2 Kosten

Second Life bietet zwei Accounts an: eine kostenfreie, die sogenannte Basismitgliedschaft, und eine kostenpflichtige Mitgliedschaft. Letztere unterteilt sich in zwei Tarife. Für einmalig 9,95 US-Dollar bekommt man eine Additional-Basic-Mitgliedschaft. Bei der Premium-Mitgliedschaft kann man zwischen drei Optionen wählen:

- Monatlich 9,95 US-Dollar
- Vierteljährlich 22,50 US-Dollar (im Monat 7,50 US-Dollar)
- Jährlich 72,00 US-Dollar (im Monat 6,00 US-Dollar)

Entscheidet man sich für eine Premiummitgliedschaft, bekommt man 1.000 Linden-Dollars gutgeschrieben. Zusätzlich gibt es noch eine wöchentliche Vergütung von 300 Linden-Dollars.

Hier nun ein kurzer Einblick in die Preisliste von Second Life:

Insel (65.000 qm): 1.675 US-Dollar + 295 US-Dollar monatliche Gebühr

Land (500 qm): 512 Linden-Dollars beim erstmaligen Kauf, danach muss der Preis bezahlt werden, der von den Verkäufern vorgegeben wird.

Bei Second Life entsprechen 270 Linden-Dollar gleich 1 US-Dollar.[175]

---

[174] Vgl. Kienizt, G.W., (2007), a.a.O., S. 67 ff.
[175] Vgl. Second Life auf Deutsch, online,
http://www.second-life.com/de/ (29.09.2007).

5.7.3 Eignung als Instrument für Ausbildungsmarketing

Bis jetzt wurde Second Life überwiegend von den Firmen für PR-Zwecke genutzt. Mittlerweile sind aber auch die Personalmanager auf Second Life aufmerksam geworden. So hält mit TPM Island auch Personalmarketing und Recruiting Einzug in die virtuelle Welt. Dort können Unternehmen Bürogebäude errichten, Präsentationen abhalten oder vorterminierte Bewerbungsgespräche führen. Zutritt zu der Insel erhalten nur Personen mit Einladung.[176] Des Weiteren können sich die Unternehmen umfassend als Arbeitgeber darstellen. Sie können Broschüren, Präsentationen oder Flash-Filme einstellen. Diese können zu jeder Tages- und Nachtzeit abgerufen werden. Auch mit Ausbildungsplakaten kann auf Second Life geworben werden.[177] Durch virtuelle Karrieremessen können Unternehmen die Bewerber informieren. Auf einem Rundgang werden die Bewerber über die unternehmenseigene Insel geführt. Da die Unternehmen durch eigene Avatare vertreten sind (z.B. Ausbilder oder Auszubildende), können die Bewerber Fragen stellen und bekommen diese direkt und kompetent beantwortet.[178] Ein weiterer Vorteil von Second Life sind die Erlebnismöglichkeiten für Unternehmensvertreter und Kandidaten. Die Kontakte lassen sich zeit- und ortsunabhängig organisieren. Dadurch können Kostenvorteile entstehen. Als Nachteil kann angesehen werden, dass die Nutzer als Avatare mit Fantasienamen unterwegs sind. Dies lässt keine Rückschlüsse auf den Bewerber zu, wenn er seinen richtigen Namen nicht preisgeben will. Daher sollten Unternehmen darauf Wert legen, dass bei näherer Kontaktaufnahme die Anonymität aufgegeben wird. Bei einer konkreten Bewerbung sollte dann allerdings auf die bewährte klassische Internetplattform zurückgegriffen werden. Auch der Kostenfaktor spielt eine wesentliche Rolle. Will ein Unternehmen in Second Life einen eigenen Pavillon errichten, müssen schon ca. 30.000 bis 40.000 Euro bezahlt werden.[179]

6. Kritische Bemerkung

In den vorangegangenen Kapiteln wurde einiges zu dem Thema Ausbildungsmarketing gesagt. Hier folgt nun noch eine kritische Bemerkung, die anhand einer SWOT-Analyse dargestellt wird. Unter einer SWOT-Analyse wird ein Werkzeug des strategischen Managements verstanden. SWOT steht für Strengths (Stärken), Weaknesses (Schwächen), Opportunities (Chancen) und Threats (Gefahren). Für die Ermittlung der Stärken und

---

[176] Vgl. Furkel, D., (2007): Personalsuche mit Google und Co., Personalmagazin 06/07, S. 49.
[177] Vgl. Hucht, M., (2007): Avatare auf Jobsuche, online, http://www.faz.net/s/RubC04145822B794FD59CBBC4D2C39CF75A/Doc~E9D6087860A73406 6B0F5E1F8C0E9240D~ATpl~Ecommon~Scontent.html (29.09.2007).
[178] Vgl. Gabor, S., (2007): Personal in virtuellen Welten, PERSONAL, Heft 07-08/2007, S. 7.
[179] Vgl. Hucht, M.,(2007): Avatare auf Jobsuche, online, http://www.faz.net/s/RubC04145822B794FD59CBBC4D2C39CF75A/Doc~E9D6087860A73406 6B0F5E1F8C0E9240D~ATpl~Ecommon~Scontent.html (29.09.2007).

Schwächen gilt das Unternehmen als Ausgangspunkt. Bei den Chancen und Risiken dient die Umwelt als Ausgangslage. Die Stärken und Schwächen ergeben sich aus der Selbstbeobachtung des Unternehmens und es wird gefragt: „Wo stehen wir im Moment?". Die Chancen und Risiken kommen jedoch von außen und ergeben sich aus den Veränderungen im Markt. Hier wird gefragt: „Was ist in der Zukunft zu erwarten?". Nachfolgend werden diese Aspekte, die auf das Ausbildungsmarketing zutreffen, kurz grafisch dargestellt.

Strengths	Weaknesses
- zielgruppenspezifische Ansprache von interessanten Personengruppen - Steigerung der Arbeitgeberattraktivität und des Unternehmenserfolgs - Motivation, Förderung und Entwicklung der Mitarbeiter im Unternehmen - Steigerung der Leistungsbereitschaft - Vermeidung von Fluktuation der Arbeitnehmer - Entwicklung einer Unternehmenskultur	- Stakeholder sind nicht von der Notwendigkeit der Nachwuchssicherung überzeugt - die Instrumente des Ausbildungsmarketing werden nicht optimal genutzt - neue Trends im Bereich des Web 2.0 sind weitestgehend unbekannt - Beschränkung der Rekrutierungsmöglichkeiten auf den regionalen Arbeitsmarkt - Nachwuchskräfte sehen mittelständische Unternehmen oft als weniger attraktiv und bekannt an
Opportunities	**Threats**
- Sicherung der Wettbewerbsfähigkeit - Verbesserung der Anpassungsfähigkeit an technische Marktveränderungen - Gewährleistung der Zufuhr von neuem Wissen - Einbeziehung des sozialen Umfelds der Nachwuchskräfte in das Ausbildungsmarketing - Beliebtheit der mittelständischen Unternehmen als Ausbildungsbetriebe	- nachlassende Nachfrage nach Ausbildungsplätzen auf Grund der demografischen Entwicklung - höhere Anforderungen an Nachwuchskräfte durch Internationalisierung und Technologisierung - Veränderung der allgemeinen Wertvorstellungen - Zukünftige Entwicklung des Arbeitsmarktes im Hinblick auf Trends - Fehlende Arbeitsmarktfähigkeit der Nachwuchskräfte - Unterschiedliche Entwicklung von Beschäftigung und Ausbildung im sekundären und tertiären Bereich

7. Fazit und Ausblick

Gerade in Zeiten von technologischen, ökonomischen, gesellschaftlichen und demografischen Entwicklungen gewinnt das Personalmarketing an Bedeutung. Hier gilt es für die mittelständischen Unternehmen besonderes Augenmerk auf das Ausbildungsmarketing zu richten, da der Mangel an qualifizierten Nachwuchskräften erheblich zunehmen wird. Es wird aber mit erhöhten Anstrengungen verbunden sein, geeignete Nachwuchskräfte auf dem Arbeitsmarkt zu gewinnen, denn die mittelständischen Unternehmen werden von den Bewerbern als weniger attraktiv angesehen und verfügen darüber hinaus auch über einen geringeren Bekanntheitsgrad.[180] Deshalb müssen sie sich als attraktiver Arbeitgeber am Markt präsentieren. Dies kann durch die Entwicklung eines Employer-Branding-

---
[180] Vgl. Kayatz, E., (2007), a.a.O., S. 228.

Konzeptes umgesetzt werden. Denn nur wer es schafft sich mit einem klaren Profil auf den relevanten Märkten zu positionieren und von den potentiellen Mitarbeitern auch als attraktives Unternehmen wahrgenommen zu werden, kann sich von den Mitwettbewerbern deutlich abheben. Für die Unternehmen ist dies aber nicht das einzige Problem, das bei der Nachwuchsgewinnung auftritt. Durch die Bildungslücken der deutschen Schüler wird es für die Unternehmen schwierig arbeitsmarktfähige Bewerber zu finden. Mit Hilfe eines Employability-Konzeptes kann für eine Verbesserung der Situation gesorgt werden. Arbeitgeber und Staat müssen sich dem Erhalt und der Förderung von Employability annehmen. Aber auch die Lehrer und Schüler sowie die Eltern sind gefragt. Die Eltern müssen den Kindern ein Vorbild sein und Beschäftigungsfähigkeit vorleben. Ebenso die Lehrer. Diese müssen über gute fachliche und überfachliche Qualifikationen verfügen. Für eine optimale Wissensübermittlung sind aber auch moderne Lehrmethoden notwendig. Auch die Unternehmen sollten die Initiative ergreifen und die Anforderungen an die zukünftigen Mitarbeiter an den Schulen und speziell bei den Lehrern verdeutlichen. Durch verschiedene Angebote für Schüler und Lehrer bieten die Unternehmen die Chance auf eine verbesserte Employability. Später können sie dann davon profitieren. Dennoch müssen die Schüler das notwendige Verständnis für die Bedeutung der Employability aufbringen. Erst wenn sie verstanden haben, dass sie nicht für die Schule, sondern fürs Leben lernen, verstehen sie Lernen als Chance für eine erfolgreiche Zukunft. Der Staat hingegen sieht sich mit weitaus größeren Anforderungen konfrontiert, denn eine Reform des deutschen Bildungssystems ist dringend erforderlich. Besonderes Augenmerk ist dabei auf die Erhöhung der Zahl von Ganztagsschulen zu richten. Durch solche Schulen würde es ermöglicht, die Vermittlung überfachlicher Qualifikationen stärker in die Lehrpläne zu verankern. Es wird jedoch nicht möglich sein, diese Empfehlungen alle von heute auf morgen umzusetzen. Dennoch sollte versucht werden mit kleinen Schritten dem Ziel näherzukommen, denn jeder beschäftigungsfähige Schulabgänger trägt zum zukünftigen wirtschaftlichen Erfolg von Deutschland bei.[181]

Eine wichtige Rolle bei der Ansprache der potentiellen Mitarbeiter spielen aber auch die Instrumente, die im Ausbildungsmarketing zur Verfügung stehen. Auf Grund des verstärkten Mangels an Nachwuchskräften sollte eine Fokussierung auf diejenigen Instrumente, die sich lediglich auf den regionalen Arbeitsmarkt beziehen, vermieden werden. Vielmehr sollten Instrumente zum Einsatz kommen, die eine hohe Reichweite aufweisen. Dies kann zum einen teilweise von den klassischen Instrumenten, die in Kapitel 3.5 beschrieben wurden, erfüllt werden. Zum anderen gewinnen hier aber auch internetbasierte Instrumente an Bedeutung. Da den Unternehmen meist kein hohes Budget zur Verfügung

---

[181] Vgl. Groh, S./Rump, J.: Employability und Schulen, in: Rump, J./Sattelberger, T./Fischer, H. (Hrsg.), (2006), a.a.O., S. 124 f.

steht, stellen die Web-2.0-basierten Instrumente aus Kapitel 5 eine kostengünstige Alternative dar. Von daher sollte das Internet gerade von mittelständischen Unternehmen wesentlich stärker und vielfältiger eingesetzt werden als bisher. Denn dadurch kann der Bekanntheitsgrad deutlich erhöht und ein positives und modernes Arbeitgeberimage aufgebaut werden. Für die Auswahl und Gestaltung der Instrumente sind umfangreiche Kenntnisse über den externen Arbeitsmarkt erforderlich. Denn nur mit Hilfe dieser Kenntnisse ist es den Unternehmen möglich, die Instrumente auszuwählen und zu gestalten sowie Veränderungen auf dem Arbeitsmarkt frühzeitig zu erkennen. Damit Ausbildungsmarketing jedoch erfolgreich umgesetzt werden kann, muss sich auch bei der Unternehmensführung und den Personalverantwortlichen das entsprechende Bewusstsein herausbilden. Nur so wird die Relevanz des Humankapitals und damit auch des externen Ausbildungsmarketing erkannt.[182] Denn nur das Unternehmen, das bereits heute einen guten Ruf in der Ausbildung durch überzeugendes Ausbildungsmarketing erwirbt, wird in den Jahren ab 2010 einen Vorteil bei der Nachwuchsgewinnung haben.

---

[182] Vgl. Kayatz, E., (2007), a.a.O., S. 229 ff.

Anhang

Anhang 1: Gegenüberstellung internes und externes Personalmarketing

Internes Personalmarketing	Externes Personalmarketing
Definition: Alle Maßnahmen, die aktuelle Mitarbeiter veranlassen, für ein Unternehmen engagiert tätig zu sein und gegen aussen eine gute Referenz abzugeben.	**Definition:** Alle Maßnahmen, die künftigen Mitarbeitern ein positives Image der Unternehmung vermitteln und die künftige Personalbeschaffung erleichtern.
Zielgruppe: Aktuelle Mitarbeiter	**Zielgruppe:** Künftige Mitarbeiter, ehemalige Mitarbeiter, Stellenvermittler
Beispiele von Instrumenten: Unternehmensorganisation und -kultur Führungsphilosophie Entlohnung, Sozialleistungen Anerkennung, Qualifikationssystem Arbeits- und Arbeitszeitgestaltung Entwicklungsmöglichkeiten Karrieremöglichkeiten Aus-/Weiterbildung	**Beispiele von Instrumenten:** Trainee-Programme, Schnupperlehren Hochschulkontakte Freizeitclubs Hauszeitung Sozialleistungen Firmenbesichtigungen Flexible Arbeitszeitmodell

Quelle: Stauffer, S., (2007): Personalmarketing. Ein wichtiger Erfolgsfaktor im HRM, online, http://www.jobscout24.de/content/upload(5097-199.pdf (04.09.2007), S. 1.

Anhang 2: Beispielhafte Web 2.0-Nutzenpotenziale

Beispielhafte Web 2.0-Nutzenpotenziale für das Personalmarketing						
Web 2.0	Employer Branding	Candidate Relationship Management	Personal-marketing	Rekrutier-ung und Auswahl	Zusammen-arbeit und Entwicklung	Alumni Management
Anwendungs-beispiele	Themen- Blogs	Social Software, Business Networks	Kampagnen-Blogs, Podcasts	Service-Blogs, Back-ground Checking	Wikis, Projekt-Blogs, Collaboration Platforms	Social Software, Business Networks
Hebel	Awareness und Sympathie wecken, Positionierung, Schärfung des Profils	Beziehung aufbauen, pflegen und managen, Mitarbeiter zu Imageträgern machen, Einblick geben und Informa-tionsasymmetrien abbauen	Aufmerksamkeit herstellen und aktuelle Möglichkeiten ins Bewusstsein rufen	Kandidaten durch den Prozess be-gleiten, Infor-mationen über Kandidaten gewinnen	Mitarbeiter begeistern und binden, Netzwerke fördern, Wissen bündeln	Beziehungen pflegen, Alumnis zu Imageträgern machen, Re-Hire
Wirkungs-ziele	Mehr und pass-genauere Kandi-daten haben das Unternehmen im Relevant Set	Direkter Kontakt zu potentiellen Kandidaten	Steigerung der Anzahl (passender) Bewerbung auf konkrete Angebote	Effizienz in der Prozess-begleitung und Effektivität in der Auswahl	Bindung der Mitarbeiter und Multiplikatoren als authentische Botschafter des Employer Brand	Ehemalige Mitarbeiter als Multiplikatoren und potentielle Wiedereinsteiger fördern
Vorrangige Nutzendi-mension	Quantität & Qualität (in Bezug auf Interessenten, Bewerber, Kandidaten)	Qualität, Zeit & Kosten (in Bezug auf Interessenten, Bewerber, Kandidaten)	Quantitä (in Bezug auf Interessenten, Bewerber, Kandidaten)	Qualität, Zeit und Kosten (im Bewerbungs-prozess)	Qualität (Motivation und Botschafterrolle der Mitarbeiter)	Qualität (Beziehung, Re-Hire Potenzial)

Quelle: Jäger, W., (2007): Verlust der Informationshoheit, PERSONAL, Heft 02/2007, S. 9.

Anhang 3: Erklärung einiger Web-2.0-Begriffe

Ajax	Ajax bezeichnet ein Konzept der asynchronen Datenübertragung zwischen einem Server und dem Browser, welches es ermöglicht, innerhalb einer HTML-Seite eine HTTP-Anfrage durchzuführen, ohne die Seite komplett neu laden zu müssen.
Awareness	Gewahrsein über die Aktivitäten (und den Status) der Personen, mit denen man zusammenarbeitet, sowie über die Aktivitäten im (gemeinsamen) Arbeitsbereich.
Avatar	Ein Avatar ist sozusagen der Repräsentant eines Menschen in einer virtuellen Welt, er kann aber auch eine künstliche Person sein.
Blog	Website, auf der in einfacher Art und Weise Einträge publiziert, kommentiert und verlinkt werden können. Die Einträge sind in chronologischer Weise sortiert, beginnend mit dem neuesten.
Blogger	Betreiber eines Blogs, Leser eines Blogs, Blog-Service von Google
Community	Neudeutsch für Gemeinschaft; Gruppe von Benutzern mit gleichen oder ähnlichen Interessen oder Motiven, die bereit sind sich gegenseitig zu unterstützen. Diese treten meist über Web-Portale virtuell miteinander in Kontakt.
Content-Management-System	Eine Software, die es dem Benutzer erlaubt, Inhalte im Web zu publizieren, ohne dass dafür HTML oder eine andere Sprache erlernt werden müsste.
Feed	Ein Dokument, das Inhalte in einem bestimmten Format (meist XML) beinhaltet, damit es von anderen Seiten oder Applikationen genutzt werden kann. Blogs bieten in der Regel einen Feed an, in dem ein Ausschnitt oder sogar ganze Beiträge des Blogs erhalten sind, zusammen mit dem Publikationsdatum und den jeweiligen Permalinks.
Instant Messaging (IM)	Nachrichtensysteme, welche den Benutzern Informationen über die Präsenz und Verfügbarkeit anderer Benutzer bieten und mittels derer Nachrichten versandt werden können.

Ping	Akronym für Packet Internet Groher. Ping ist ein Programm, das Netzwerkadministratoren benutzen, um zu testen, wie lange die Kommunikation zu einem entfernten Rechner dauert und ob dieser überhaupt erreichbar ist; man spricht auch von „anpingen". Im Blog-Kontext werden Pings genutzt, um eine andere Seite zu benachrichtigen, dass es einen neuen Eintrag gibt.
Podcast	Eine Art Radiosendung im Netz, die über einen Feed publiziert wird und automatisch über einen Podcatcher heruntergeladen werden kann.
Podcatcher	Ein Programm, mit dem die Feeds von einem oder mehreren Podcasts abonniert werden können, sodass die neuen Folgen eines Podcasts automatisch heruntergeladen werden.
RSS	XML-Format um Inhalte (z.B. eines Blogs) innerhalb einer anderen Anwendung (RSS-Reader) lesen zu können. Bietet somit die Möglichkeit sich über aktuelle Inhalte zu informieren (diese zu „abonnieren") ohne auf die entsprechende Site surfen zu müssen. RSS steht für: Rich Site Summary in den RSS-Versionen 0.9x RDF Site Summary in RSS 1.0 Really Simple Syndication in RSS 2.0.
Social Bookmarking	Unter Social Bookmarking wird das gemeinschaftliche Verwalten von Web-Lesezeichen verstanden, wobei jeder Benutzer seine eigenen Lesezeichen erstellt, diese aber anderen auch zur Verfügung stellt. Durch die große Anzahl von Lesezeichen entsteht somit eine neue Qualität der Sammlung, da bestimmte Seiten öfter als andere als Lesezeichen markiert werden und somit auch ein Votum für eine Seite geäußert wird.
Social Software	Software, welche die Kommunikation und Zusammenarbeit von Menschen unterstützt.

Tag/Tagging	Ein Tag ist eine Art Schlagwort, mit dem Objekte wie Fotos, Bookmarks oder auch Blogeinträge versehen werden, damit sie später wieder gefunden werden können. Tagging ist der Vorgang, ein Objekt mit einem Tag zu versehen. Ein Tag kann auch aus mehreren Wörtern bestehen.
Video-Podcast	Ein Video-Podcast ist eine Videosendung, die ähnlich wie ein Podcast über einen Feed publiziert wird. In der Regel sind die Video-Podcasts sehr kleine Videodateien, die auch auf einem "iPod Video" abgespielt werden können.
Wiki	System zum schnellen und einfachen gemeinsamen Aufbau von Webseiten-Sammlungen durch Ermöglichung des einfachen Editierens der Seiten durch alle Benutzer.

Quelle: Richter, A./Koch, M., (2007): Social Software – Status quo und Zukunft, S. 40 ff.; vgl. auch Alby, T., (2007): Web 2.0, S. 219 ff.

Literaturverzeichnis

Ackermann, Karl-Friedrich/Blumenstock, Horst (Hrsg.) (1993): Personalmanagement in mittelständischen Unternehmen, Schäffer-Poeschel, Stuttgart.

Alby, Tom (2007): Web 2.0: Konzepte, Anwendungen, Technologien, 2. Aufl., Hanser, München.

Beba, Werner (2003): Die Wirkung von Direktkommunikation unter Berücksichtigung der interpersonellen Kommunikation, Duncker & Humblot, Berlin.

Bildungszentrum der Wirtschaft im Unterwesergebiet e.V. (2007): Ausbildungsmarketing. Ein Leitfaden für die erfolgreiche und chancengerechte Einwerbung und Auswahl von Auszubildenden, online,
http://www.blickpunkt-ausbildung.de/images/stories/ausbildungsmarketing.pdf
(27.09.2007).

Blancke, Susanne/Roth, Christian/Schmid, Josef (2000): Employability als Herausforderung für den Arbeitsmarkt. Auf dem Weg zur flexiblen Erwerbsgesellschaft. Eine Konzept- und Literaturstudie, Nr. 157 / Mai 2000, Arbeitsbericht, Akademie für Technikfolgenabschätzung in Baden-Württemberg, Stuttgart.

Böhm, Hans/Haucke, Christoph (Hrsg.) (1995): Personalmanagement in der Praxis: Unternehmerisches Handeln gestaltet die Zukunft, Wirtschaftsverlag Bachem, Köln.

Bröckermann, Reiner (2001): Personalwirtschaft, 2. Aufl., Schäffer-Poeschel, Stuttgart.

Bröckermann, Reiner/Pepels, Werner (Hrsg.) (2002): Personalmarketing: Akquisition – Bindung – Freistellung, Schäffer-Poeschel, Stuttgart.

Bundesministerium für Bildung und Forschung (2005): Berufsbildungsbericht 2005, online,
http://www.bmbf.de/pub/bbb_2005.pdf (27.08.2007).

Bundesministerium für Bildung und Forschung (2007): Berufsbildungsbericht 2007, online,
http://www.bmbf.de/pub/bbb_2007.pdf (27.08.2007).

Bundesvereinigung der Deutschen Arbeitgeberverbände: PISA-Folgen für die betriebliche Berufsausbildung, online,
http://www.bda-online.de/www/bdaonline.nsf/id/PISA-Folgenfuerdiebetriebliche/$file/PISA-Auswertung.pdf (25.08.2007).

Buschfeld, Jörg.: Wie wähle ich den „richtigen" Auszubildenden aus?, online, http://www.shm-netzwerk.de/shm_wahl_des_richtigen_auszubildenden.html (27.08.2007).

Cramer, Günter (Hrsg.) (2003): Jahrbuch Ausbildungspraxis 2003: Erfolgreiches Ausbildungsmanagement, DwD, Köln.

Der neue Berufspädagoge IHK (2007): Mehr Qualifikation für alle Ausbilder/innen, online,
http://ausbilder-weiterbildung.de/basismodul_d-shtml (05.09.2007).

Deutsche Employer Branding Akademie (2007): Employer Branding im Mittelstand: Chancen und positive Effekte, online,
http://www.foerderland.de/755+M5290021952d.0.html (09.09.2007).

DGFP e.V. (Hrsg.) (2004): Berufsausbildung in der Praxis, Bertelsmann, Bielefeld.

DGFP e.V. (Hrsg.) (2006): Erfolgsorientiertes Personalmarketing in der Praxis: Konzepte, Instrumente, Praxisbeispiele, Bertelsmann, Bielefeld.

Dielmann, Klaus (1981): Betriebliches Personalwesen, Kohlhammer, Stuttgart.

Dietl, Stefan F. (2003): Ausbildungsmarketing und Bewerberauswahl: Wie Sie die richtigen Nachwuchskräfte finden, DwD, Köln.

Dietl, Stefan F./Speck, Peter (2003): Strategisches Ausbildungsmanagement: Berufsausbildung als Wertschöpfungsprozess, Sauer, Heidelberg.

Dietmann, Evelyne (1993): Personalmarketing: Ein Ansatz zielgruppenorientierter Personalpolitik, Gabler, Wiesbaden.

Dincher, Roland (2007): Personalmarketing und Personalbeschaffung: Einführung und Fallstudie zur Anforderungsanalyse und Personalakquisition, 2. Aufl., dnb, Neuhofen/Pf.

Dittler, Ulrich/Kindt, Michael/Schwarz, Christine (Hrsg.) (2007): Online-Communities als soziale Systeme: Wikis, Weblogs und Social Software im E-Learning, Medien in der Wissenschaft, Band 40, Waxmann, Münster.

Fisch, M./Gscheidle, C. (2006): Onliner 2006: Zwischen Breitband und Web 2.0, online, http://www.daserste.de/service/0206.pdf (18.08.2007).

Forschungsinstitut Betriebliche Bildung (2007): Effizienz in der Ausbildung: Strategien und Best-Practice-Beispiele, Bertelsmann, Bielefeld.

Fröhlich, Werner (Hrsg.) (2004): Nachhaltiges Personalmarketing: Strategische Ansätze und Erfolgskonzepte aus der Praxis, Datakontext, Frechen.

Furkel, Daniela (2007): Personalsuche mit Google und Co., Personalmagazin 06/07, S. 48.

Gabor, S. (2007): Personal in virtuellen Welten, PERSONAL, Heft 07-08/2007, S. 7.

Heinen, E. (1985): Entscheidungsorientierte Betriebswirtschaftslehre und Unternehmenskultur, Wiesbaden.

Hucht, M. (2007): Avatare auf Jobsuche, online, http://www.faz.net/s/RubC04145822B794FD59CBBC4D2C39CF75A/Doc~E9D6087860A734066B0F5E1F8C0E9240D~ATpl~Ecommon~Scontent.html (29.09.2007).

Kayatz, Elena (2007): Externes Personalmarketing in mittelständischen Unternehmen. Optimierung der Akquise (hoch) qualifizierter Arbeitskräfte unter besonderer Berücksichtigung des Interneteinsatzes 2007, online, http://nbn-resolving.de/urn/resolver.pl?urn=urn%3Anbn%3Ade%3Ahbz%3A468-20070142 (27.08.07).

Kellner, S. (2005): Was ist eigentlich Web 2.0?, online, http://empulse.de/2005/08/17/was-ist-eigentlich-web-20/ (19.09.2007).

Kempe, Hans J. (1990): Personalbeschaffung – Schlüssel zum Erfolg, o.O.

Kienitz, Günter W. (2007): Web 2.0: Der ultimative Guide für die neue Generation Internet, moses, Kempen.

Kolter, Esther Rahel (1991): Strategisches Personalmarketing an Hochschulen: Ergebnisse eines Dreiländervergleichs, Hampp, München/Mering.

Kres, Michael (2007): Integriertes Employability-Management: Arbeitsmarktfähigkeit als Führungsaufgabe, Haupt, Bern/Stuttgart/Wien.

Kröber-Riel, Werner (1984): Konsumentenverhalten, Vahlen, München.

Lattemann, C./Kupke, S. (2007): Selbst steuern, Personal, Heft 02/2007, S. 12.

Maaß, Christian/Pietsch, Gotthard (2007): Web 2.0 als Mythos, Symbol und Erwartung, Diskussionsbeitrag Nr. 408, Diskussionsbeiträge der Fakultät für Wirtschaftswissenschaft der FernUniversität Hagen.

Mosters, Marcel (2007): Ausbildungsmarketing im Zeichen von PISA: Konzeption hinsichtlich der demografischen Entwicklung, VDM, Saarbrücken.

o.V. (2005): Podcasting: Schritt für Schritt erklärt, online, http://www.podcast.de/podcasting/schritt-fuer-schritt-erklaert/ (24.09.2007).

o.V. (2006): Was erwartet die Wirtschaft von den Schulabgängern, online, http://www.aachen-ihk.de/ausbildung/download/bb_001.pdf (18.09.2007).

o.V. (2007): Am Ohr des Mitarbeiters, Personalführung 5/2007, S. 6.

o.V. (2007): Direkte und indirekte Kommunikation, online, http://www.student-online.net/Publikationen/318 (12.09.2007).

o.V. (2007): Festo ist ein Ort der Ideen, online, http://www.pressebox.de/pressemeldungen/festo-ag-co-kg/boxid-110576.html (22.09.2007).

o.V. (2007): Rundfunkwerbung, online,
http://www.ard.de/intern/finanzen/werbung/-/id=55272/1gbj7f7/index.html (19.09.2007).

o.V. (2007): Schülerverzeichnis: Informationen für Eltern und Lehrer, online, http://www.schuelervz.net/l/parents/l (27.09.2007).

o.V. (2007): Second Life auf Deutsch, online,
http://www.second-life.com/de/ (29.09.2007).

o.V. (2007): Web 2.0 erobert Personalabteilungen, online,
http://www.hr-newsblog.de/2006/12/05/index.html (04.08.2007).

o.V. (2007): Web 2.0 eröffnet neue Möglichkeiten der Mitarbeiterrekrutierung, Personalführung 6/2007, S. 12.

o.V. (2007): Wikipedia, online,
http://de.wikipedia.org/wiki/Bild:Edit_up_de_banner_long_png (26.09.2007).

o.V. (2007): Wikipedia, online,
http://de.wikipedia.org/wiki/Wiki (26.09.2007).

o.V. (2007): Wikipedia, online,
http://de.wikipedia.org/wiki/Wikipedia:Eigendarstellung (26.09.2007).

O'Reily, Tim (2006): Web 2.0 Compact Definition: Trying Again, online, http://radar.oreily.com/archives/2006/12/web_20_compact.html (01.09.2007).

Pawlik, A. (2007): Arbeitgebermarke: Einzigartig sein, online,
http://hr.monster.de/13063_de-DE_pl.asp (27.08.2007).

Picot, Arnold/Fischer, Tim (Hrsg.) (2006): Weblogs professionell: Grundlagen, Konzepte und Praxis im unternehmerischen Umfeld, dpunkt, Heidelberg.

Poth, Ludwig G./Poth, Gudrun S. (2003): Kompakt-Lexikon Marketing, 2. Aufl., Gabler, Wiesbaden.

Rastetter, Daniela (1996): Personalmarketing, Bewerberauswahl und Arbeitsplatzsuche, Lucius & Lucius, Stuttgart.

Richter, Alexander/Koch, Michael (2007): Social Software – Status quo und Zukunft, Technischer Bericht Nr. 2007-01, Fakultät für Informatik, Universität der Bundeswehr, München.

Roth, Sven (2007): Podcast bei Fraport – ein neuer Weg im Personalmarketing, Konferenzunterlagen War for Talents: Steigern Sie Ihre Attraktivität als Arbeiteber und gewinnen Sie Top-Talente, Konferenz 27. Juni, Berlin.

Rump, Jutta/Eilers, Silke (2005): Employability Management – Schlussbericht , Ludwigshafen.

Rump, Jutta/Schmidt, Silke (2004): Lernen durch Wandel – Wandel durch Lernen, Wissenschaft und Praxis, Sternenfels.

Rump, Jutta/ Eilers, Silke (2005): Employability in der betrieblichen Praxis: Ergebnisse einer empirischen Untersuchung, online, http://web.fhludwigshafen.de/ibe/index.nsf/Files/C463D0ECBA910F8BC12570EA00375162/$FILE/Employability%20in%20der%20betrieblichen%20Praxis%20Zusammenfassung.doc (01.09.2007).

Rump, Jutta/Sattelberger, Thomas/Fischer, Heinz (Hrsg.) (2006): Employability Management: Grundlagen, Konzepte, Perspektiven, Gabler, Wiesbaden.

Sattelberger, Thomas (2003): Employability. Kurs halten trotz Irrungen der Ich-AG, Personalmagazin, 5. Jahrgang, Heft 11, S. 64-66.

Schanz, Günther (1993): Personalwirtschaftslehre, 2. Aufl., Vahlen, München.

Schiller Garcia, Jürgen (2006): Personalmarketing und Internet: Grundlagen, Instrumente und Perspektiven der Online-Rekrutierung, VDM, Saarbrücken.

Schmidt, J. (2006): Social Software: Onlinegestütztes Informations-, Identitäts- und Beziehungsmanagement, Forschungsjournal Neue Soziale Bewegungen, Nr. 2/2006, S. 37-46.

Schmitz, B.: Einführung in das Thema Social Networking, online, http://www.bernd-schmitz.net/wiki/index.php/Einf%C3%BChrung_in-das-Thema (26.09.2007).

Schmitz, B.: Social-Networking Plattformen – Nutzen und Möglichkeiten, online, http://www.bernd-schmitz.net/skripte/Social-Networking.pdf (27.09.2007).

Scholz, Christian (2000): Personalmanagement. Informationsorientierte und verhaltenstheoretische Grundlagen, 5. Aufl., Vahlen, München.

Schuler, Heinz (2003): Lehrbuch Organisationspsychologie, 3. Aufl., Huber, Bern.

Schwuchow, Karlheinz/Gutmann, Joachim (2006): Jahrbuch Personalentwicklung 2006. Ausbildung, Weiterbildung, Management Development, Luchterhand, München.

Simon, Hermann/Wiltinger, Kai/Sebastian, Karl-Heinz (1995): Effektives Personalmarketing. Strategien – Instrumente – Fallstudien, Gabler, Wiesbaden.

Speck, Peter (Hrsg.) (2005): Employability – Herausforderung für die strategische Personalentwicklung: Konzepte für eine flexible, innovationsorientierte Arbeitswelt von morgen, 2. Aufl., Gabler, Wiesbaden.

Springer, J./Rochold, S. (2007): Personalmanagement, online, http://www.iaw-rwth-aachen.de/files/pm_02_2007.pdf (27.08.2007).

Strutz, Hans (1993): Handbuch Personalmarketing. Personalsuche, Personalbeurteilung, Personalentwicklung, 2. Aufl., Gabler, Wiesbaden.

Strutz, Hans (Hrsg.) (1992): Strategien des Personalmarketings, Gabler, Wiesbaden.

Studie Employer Branding (2006): online, http://apollo.zeit.de/chaka/pdf/Employer_Branding_2006_Summary.pdf (09.09.2007).

Szugat, Martin/Gewehr, Jan Erik/Lochmann, Cordula (2006): Social Software: Blogs, Wikis & Co., Software & Support, Frankfurt.

Thiemel, Albert (Hrsg.) (2006): Webbasierte Assesments, Online-Akademien und Change Management Portale: Internetbasierte Systeme zur Personalauswahl, Personal- und Organisationsentwicklung, VDM, Saarbrücken.

Tooren, Thorsten (2007): Auswahl von Auszubildenden, online, http://www.foraus.de/lernzentrum/lernmodule/19_auswahl_azubis/pdf/19_auswahl-azubis.pdf (11.09.2007).

Völke, U. A. (2007): Recruiting im Second Life: TPM Worldwide mit eigener Insel, online, http://www.crosswater-systems.com/ej_news_2007_04_TPM.htm (29.09.2007).

Weinert, Patricia/Baukens, Michèle/Bollérot, Patrick/Pineschi-Gapenne, Marina/Walwei, Ulrich (Hrsg.) (2001): Beschäftigungsfähigkeit: Von der Theorie zur Praxis: 4 (Soziale Sicherheit), Lang, Bern.

Wickel-Kirsch, Silke (2007): Relevanz von Employer-Branding-Konzepten für Ihr Unternehmen, Konferenzunterlagen War for Talents. Steigern Sie Ihre Attraktivität als Arbeitgeber und gewinnen Sie Top Talente, Konferenz 26./27. Juni, Berlin.

Wiese, Dominika (2005): Employer Branding: Arbeitgebermarken erfolgreich aufbauen, VDM, Saarbrücken.

Wollersheim, B. (2006): Ausbildungsmarketing für Bewerber, online, http://www.berufswahlnavigator.de/navigation/Fachjournal/Ausbildungsmarketing.htm (13.09.2007).

Wunderer, Rolf/Dick, Petra (2000): Personalmanagement – Quo Vadis? Analysen und Prognosen zu Entwicklungstrends bis 2010, Luchterhand, Neuwied/Kriftel.